Metz. — Imp. de HUMBERT.

PÉTITION

D'UN CHRÉTIEN D'OCCIDENT,

EN FAVEUR DE LA CHRÉTIENNETÉ SOUFFRANTE

en Orient.

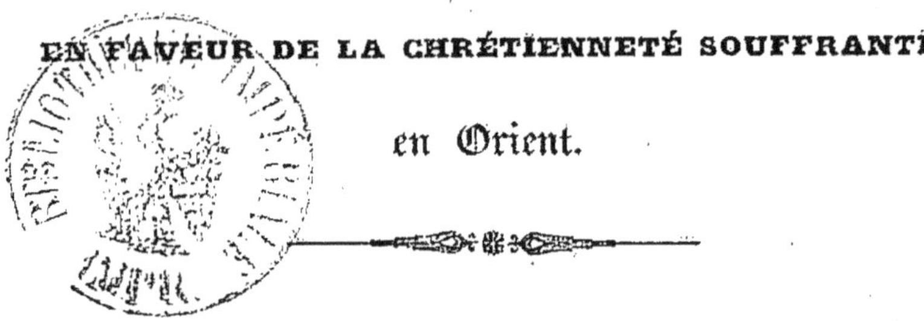

MESSIEURS LES DÉPUTÉS,

Vivement persuadé de votre amour pour les progrès de l'ordre
et de la liberté dans les relations internationales des peuples,
l'auteur de cet écrit a l'honneur de soumettre à votre haute
justice et de recommander à votre religion éclairée la demande
formelle qu'il vous adresse en faveur de la chrétienneté
souffrante en Orient. Il est convaincu que cette demande est
l'expression d'un vœu général non-seulement en France, mais
encore en Europe, et que, si elle ne se présente pas à votre barre
avec une imposante croisade de signatures, qu'il eût été si
facile d'obtenir, la Chambre des Députés, dans l'indépendance
de son caractère et de sa mission, a coutume d'accorder ses
suffrages, non au nombre de signatures, mais au nombre
de raisons fondées sur le droit et la vérité. Il est également
convaincu que du haut de cette tribune française que vous
occupez au centre de l'Europe, n'est jamais descendue une
idée généreuse et une pensée utile à l'humanité qui n'ait
fructifié tôt ou tard dans le vaste champ des esprits, et que
si nos pères ont jadis tiré une épée vaillante pour la défense
des intérêts qu'il vient aujourd'hui défendre devant vous,
leurs fils, armés de la puissance nationale, n'ont pas dégénéré
de cette politique généreuse et chrétienne, ne sont pas déchus
de cette charité sociale qui fait pour les autres peuples ce
qu'ils voudraient qu'ils fissent pour nous-mêmes. C'est dans
ces sentiments de confiance que lui inspire la sympathie de
vos principes avec tous les nobles cœurs qui battent en France
et en Europe, qu'il vient vous exposer la cause mille fois
juste et légitime qu'il traduit aujourd'hui devant vous, et sur

laquelle il appelle de toutes ses forces cette protection à la fois morale et matérielle qu'il vous appartient de lui donner, et qui sera le gage de son triomphe dans le monde.

Vous connaissez, Messieurs les Députés, et toute l'Europe connaît avec vous, cette longue chaîne d'iniquités, d'avanies, d'outrages, de spoliations, de vengeances atroces, de crimes odieux, de persécutions sanglantes, de massacres épouvantables, de profanations criantes et de réactions horribles et sauvages dont le Mahométisme, cette doctrine de servitude et de tyrannie, cette doctrine anti-sociale et anti-européenne, n'a cessé depuis 1200 ans de frapper la Palestine, la terre sacrée, la terre classique du Christianisme. Vous savez que cette série de malheurs et de persécutions sans exemple sur le globe entier, que cette série de vengeances suscitées par le fanatisme et l'intolérance des Musulmans, est tombée indifféremment sur les chrétiens d'Orient ou d'Occident qui visitaient ou habitaient cette patrie spirituelle du Christianisme, est tombée sur des voyageurs inoffensifs, sur de pauvres pèlerins sans défense, sur de pauvres religieux sans autres armes que leur résignation à souffrir, est tombée, en un mot, sur des chrétiens qui n'avaient d'autres crimes que de ne pas vouloir embrasser une religion de mensonge et d'imposture, religion ou plutôt caricature tellement dérisoire dans ses prétentions sur l'humanité, qu'il n'est pas une plume en Europe qui ait daigné descendre à en faire une réfutation sérieuse. Vous n'ignorez pas que s'il existe encore aujourd'hui en Palestine une tombe illustre, une ruine célèbre, un sanctuaire, un monument qui rappelle les merveilles divines de l'ancien Testament ou les miracles et les mystères qui se sont accomplis dans le nouveau, ce n'est pas au respect des Musulmans pour ces vénérables témoins de notre foi que nous en sommes redevables, mais bien à leur insatiable avarice, à leur soif inextinguible de l'or européen, à cette odieuse et absurde cupidité qui, laissant en friche des terres innombrables et d'une fertilité reconnue de dix mille pour cent, met l'histoire monumentale du Christianisme en gabelle, exploite ses ruines, ses tombes et ses oratoires comme une terre arable, et, spéculant lâchement sur le produit des aumônes de la piété chrétienne, vit d'avanies, de vexations, d'extorsions et de tortures physiques ou morales à subir par d'infortunés religieux, dont l'héroïque constance est digne de toutes les admirations prodiguées au martyre, et dont le sort misérable, digne aussi de toutes les compassions de l'humanité, n'a pas, depuis plusieurs siècles, obtenu un regard, un secours efficace des puissances chrétiennes.

Toute l'Europe se rappelle les plaintes et les paroles d'indignation que les voyageurs de Terre-Sainte, français ou étrangers, ont fait retentir dans la chrétienneté depuis le commencement de ce siècle. Il n'est pas un chrétien digne de ce nom, qui entendrait sans émotion et sans colère le récit des oppressions, des iniques rançons, des traitements barbares et des insultes de tout genre que le despotisme brutal et abrutissant des Pachas de Syrie, ou celui des Gouverneurs de Jérusalem et des autorités inférieures du pays fait subir chaque jour aux adorateurs du Christ et aux religieux chargés de la conservation des sanctuaires ou des hospices de la Palestine. Croirait-on jamais, si les faits n'étaient malheureusement d'une certitude irrécusable, que toutes les aumônes, s'élevant quelquefois à des sommes considérables, levées naguère sur la piété des fidèles et péniblement amassées par petites fractions dans toute l'Europe chrétienne, passaient souvent en quelques mois par trois, quatre et cinq cent mille francs entre les mains rapaces des tyrans de la Syrie? Croirait-on qu'au lieu de servir à la réparation des sanctuaires qui croulent de toutes parts, au soulagement des malheureux qui abondent dans cette terre desséchée par le gouvernement turc, au lieu de servir au soutien de la vie misérable, mais apostolique, que mènent les religieux de Terre-Sainte, ces secours de la charité européenne allaient fournir au faste oriental des Pachas de Syrie, allaient soutenir les prodigalités de leurs palais, desservir les voluptés de leurs harems, engraisser leurs sbires ou leurs séides, et encourager l'insolente soldatesque, qui sont les instruments de leurs exactions, à tenter chaque jour de nouvelles invasions dans les monastères pour en arracher de nouveaux trésors?

Ainsi la charité chrétienne de l'Europe est une mine d'or exploitée par Jésus-Christ au profit de Mahomet; ainsi des chrétiens doivent payer à Mahomet le droit d'adorer Jésus-Christ; ainsi l'Evangile, qui a brisé les fers des peuples et a proclamé la liberté du monde, ne peut, dans leur propre patrie, être méditée par les enfants légitimes que sous les coups de fouet *des fils de la servante* (*), que sous la verge

---

(*) On sait que les Arabes sont les descendants d'Agar, servante d'Abraham, père des vrais croyants, et que le nom de Sarrasins, qu'ils ont *usurpé*, c'est-à-dire de *fils de Sara*, femme légitime d'Abraham, n'est qu'un audacieux mensonge. Les Arabes sont des Agariens et non des Sarrasins, d'autant plus que, fidèles à leur origine, et toujours *fils de la servante*, ils n'ont pu enfanter à leur tour qu'une doctrine de *servitude* et de vasselage, le mahométisme.

veulent bien en rire, et le traiter, comme ils l'ont fait tant de fois, de *torchon de papier* (*).

D'ailleurs, et quand même l'anarchie la plus complète ne régnerait pas dans cette malheureuse contrée, à quoi serviraient des firmans, même exécutés, dans un pays où chaque année et quelquefois chaque mois voit surgir une oppression nouvelle, qui *exigerait*, dit M. de Châteaubriand, un *nouveau firman*, et ruinerait ainsi les Chrétiens en achats de garanties même puissantes et respectées? A quoi serviraient, par exemple, les firmans contre les bastonades, les vols à main armée, les guet-à-pens, les assassinats de Chrétiens commandés aux Bédouins, les incursions subites, les altérations monétaires si fréquentes chez les Pachas, qui ont adopté cette manière de battre monnaie et de s'enrichir de la ruine publique? A quoi serviraient-ils encore contre les faux témoins, les jugements iniques, contre les partialités si cruelles du fanatisme musulman et les perturbations énormes subitement introduites dans le prix des denrées ou des marchandises les plus nécessaires à la vie? De quelle utilité peuvent être des sauve-gardes écrites dans un pays, où *tuer, quand on est le plus fort, semble un droit légitime, où tous se soumettent à ce droit et l'exercent avec la même indifférence*, dans un pays où *l'esclavage muet* est constitutionnellement organisé, dans un pays où le droit de tyrannie s'achète, se vend, se transmet moyennant finances, où le moindre janissaire devient pour quelques bourses l'aga ou le pacha à peu près indépendant d'une ou de plusieurs localités, où les réclamations les plus justes sont des actes de rebellion, où chaque village a ses *tyrans et ses bourreaux*, où *la seule chose qu'on entende, le seul jugement dont il soit question, c'est : Il payera dix, quinze, vingt bourses; on lui donnera cinq cents coups de bâton, on lui coupera la tête?* (**)

Et voilà la justice de ce pays qui fut la source de la véritable justice sociale sur la terre, voilà la condition des Chrétiens en Palestine; nous demandons si la condition des damnés peut être pire, ou si même il peut y avoir encore un enfer pour les chrétiens qui ont passé leur vie dans la Terre-Sainte, telle que les Turcs l'ont faite!

Et cependant, quelle contrée au monde fût jamais plus

(*) *Textuel et historique.* Voir Pélerinage à Jérusalem, par le Bon de Geramb, 1er vol., p. 261. (Edition in-12.)

(**) Les phrases et les mots *italiques* sont tirés de M. de Châteaubriand.

de fer de quelques méprisables despotes qui n'ont jamais osé regarder en face une compagnie de grenadiers français! Et voilà, à la honte de l'Europe, l'indigne situation, la situation scandaleuse à laquelle est réduite le Christianisme dans les lieux qui l'ont vu naître, fleurir, s'étendre sur le monde, dans les lieux qui renferment tous les monuments de son histoire primitive, tous les sanctuaires de sa vénération, tous les cultes de ses souvenirs, toutes les ruines justificatives de ses prophéties.

Mais, dira-t-on peut-être, pourquoi, sous quels prétextes ces tributs accablants, ces perpétuelles spoliations imposées par l'avarice musulmane? La réponse à cette question ne se trouverait pas en Europe ni même dans le reste du monde entier; il faut, pour la trouver, aller en Syrie, en Palestine, ou compulser les récits unanimes des voyageurs qui, au péril de leur vie, ont osé parcourir cette terre de servitude et de rapine.

Les chrétiens de Syrie ont besoin de vivre, de respirer l'air, il faut qu'ils payent; ils ont besoin de manger, de se nourrir, il faut qu'ils payent; ils ont besoin de faire leurs provisions, il faut qu'ils payent; ils ont besoin d'ensemencer, il faut qu'ils payent; de récolter, il faut qu'ils payent; de réparer leurs maisons, les murs de leurs jardins, il faut qu'ils payent; ils ont besoin de n'être pas molestés, insultés, avanisés, il faut qu'ils payent; ils ont besoin de mourir et d'ensevelir leurs morts, il faut qu'ils payent; ils ont besoin de voyager, il faut qu'ils payent non-seulement les droits de passage sur les chemins et l'entrée des lieux habités, mais encore une garde nombreuse à pied ou à cheval; mais ils n'ont pas besoin de monter à cheval, il faut qu'ils payent; ils n'ont pas besoin de drogmans, il faut qu'ils payent; ils n'ont pas besoin de protecteurs nombreux dans leurs excursions, il faut qu'ils payent; enfin, ils désirent obtenir un firman de Constantinople pour se défendre contre ces mille exactions de l'hydre musulmane, il faut qu'ils payent chèrement cette faveur; mais le lendemain, le firman de *Sa Hautesse*, obtenu à force d'argent et de sollicitations, est interprété comme une velléité d'indépendance ou de révolte contre les tyrans subalternes, et ce palladium qui devait les protéger, leur attire au contraire une foule d'inimitiés sourdes et de vengeances secrètes qui bientôt se traduisent en mille avanies, en mille outrages, en mille inventions nouvelles de la fiscalité arabe. En un mot, les Chrétiens, porteurs d'un firman du *Grand-Seigneur*, sont fort heureux, si les Pachas et leurs complices attrayante, offrît jamais plus d'intérêt, plus de charme aux chrétiens instruits et même aux chrétiens des classes populaires, qui, dans leurs études primaires ou dans leurs livres religieux, n'ont appris à bégayer que les noms célèbres de l'histoire sainte et de la géographie évangélique! Lors de l'expédition de Bonaparte en Syrie, tous les soldats français voulaient quitter l'armée pour aller voir les uns Jérusalem, les autres Bethléem, les autres Nazareth, Cana et le mont Thabor, dont ils saluèrent si dignement la gloire par une victoire remportée sur les infidèles. Il fallait tout le danger de ces excursions pour les contenir et les faire obéir aux ordres de leurs chefs, et malgré ces ordres, malgré ce danger, beaucoup d'entre eux ne purent se refuser au bonheur de voir ces lieux sacrés, et plusieurs furent victimes de leur zèle religieux ou de leur ardente curiosité. A une époque plus reculée, aux temps héroïques des croisades, le même zèle, la même ardeur éclatèrent dans l'armée française et surtout dans les soldats. On ne lit pas sans émotion dans les chroniques de ces temps, les transports d'admiration, les larmes, les respects religieux et la *joie immense* dont ils saluèrent Jérusalem, dès que leurs yeux aperçurent les tours et les murs crénelés de la ville sainte. On comprend ces sentiments, ces prosternations, ces baisers d'amour donnés à la terre sacrée, à l'aspect de l'antique cité de Dieu, et certes ces sentiments sont autrement respectables chez des chrétiens, que ces mouvements de curiosité profane qui poussent chaque année des flots de savants, d'archéologues, de voyageurs, d'artistes et de littérateurs touristes à faire des pèlerinages classiques en Grèce ou en Italie, à se presser sur les restes de quelques temples dédiés à Jupiter, à Minerve, à Vénus, ou sur les lieux illustrés par les chants d'Homère et de Virgile.

La Palestine, la Terre-Sainte est la terre classique du peuple et des chrétiens de tous les rangs, de toutes les conditions, de tous les cultes; c'est la commune patrie, la patrie spirituelle de l'Europe chrétienne, et l'on ne saurait douter que si l'ordre, la sécurité, la justice régnaient dans cette contrée, qui, par sa position et sa grande fertilité, renferme tous les genres de prospérité, l'on ne saurait douter, disons-nous, que bientôt l'on ne vît accourir de tous les coins de l'Europe une foule de chrétiens voyageurs ou pèlerins qui s'empresseraient de la visiter, et même de s'y établir.

En effet, le culte des souvenirs a de tout temps, chez tous les peuples, dans toutes les religions, fait partie du culte public ou religieux, et il n'est pas une nation civilisée ou même barbare, y compris celle des Arabes, qui n'ait honoré par des temples somptueux, par des fêtes périodiques, des pélerinages et de grands concours de fidèles, les lieux consacrés par la naissance de ses Dieux, des ses législateurs, de ses bienfaiteurs ou par les faits célèbres de son histoire religieuse. Les nations chrétiennes de l'Europe, grâce à l'indifférence de leurs rois et à l'intolérance fanatique des Musulmans, sont les seules qui soient privées de cet avantage, les seules qui devraient en jouir, et les seules qui n'en puissent jouir qu'au péril de leur vie et de leur fortune. Et cependant, quelle terre sacrée fût jamais plus digne des honneurs du pélerinage et de la vénération des peuples que la Palestine? Quelle terre fût plus féconde en merveilles et en souvenirs imposants, connus du monde entier?

Les lieux saints de la Palestine sont en quelque sorte la preuve matérielle, permanente, éternelle de la vérité historique de notre religion; ils sont l'histoire du Christianisme écrite par le temps, l'espace et les monuments. C'est la chambre de nos archives religieuses, taillée dans le roc et creusée dans la pierre.

En Palestine, les montagnes, les vallées, les plaines, les rochers, les déserts, les cavernes, les torrents, les mers, les puits, les fontaines, les plantes, les animaux, la nature toute entière, rapprochant de nous les siècles antiques, racontent, et, pour ainsi dire, renouvellent à nos yeux les événements merveilleux qui s'y sont accomplis. Chaque pas que nous y faisons est un pas historique; chaque grain de poussière que nous y foulons a vécu jadis ou faisait partie de quelque monument célèbre; chaque monceau de ruines renferme sous ses décombres une leçon de la Providence et l'accomplissement d'une prophétie. Tous les objets y sont pour nous une source intarissable d'instruction, d'intérêt, d'émotion ou de légitime curiosité; tout y excite notre piété, tout y réveille notre reconnaissance ou notre amour; tout nous rappelle notre affranchissement et les titres de notre noblesse chrétienne; tout nous rappelle notre patrie originaire et le berceau de nos ayeux, de nos pères spirituels. Il n'est pas jusqu'à l'état présent de *désolation* et *d'abomination dans la désolation* où se trouve ce pays, qui ne nous enseigne éloquemment la crainte de Dieu, l'accomplissement de ses menaces et la véracité de ses oracles. Car qu'y a-t-il de plus éloquent que des ruines amoncelées par la main de Dieu, des ruines qui sont là par ordre de Dieu, traversant les siècles, prouvant le crime par le châtiment,

justices de Dieu ; il faut, en un mot, que les prophéties s'accomplissent comme elles s'accomplissent scrupuleusement depuis dix-huit siècles.

Ce point de vue sur l'antique *cité de Dieu* n'est point le seul qui ait pour les peuples chrétiens un intérêt de haute et éminente moralité, un intérêt de satisfaction et d'instruction profonde dont il leur *importe* de jouir. Jérusalem, en dépit ou plutôt en vertu même de ses expiations, sera toujours la métropole du spiritualisme révélé, et le théâtre historique de toutes les grandes idées, de tous les grands événements qui se sont accomplis en ce monde dans la sphère religieuse. Prédestinée à une célébrité glorieuse, longtemps avant de l'être à une célébrité malheureuse, cette ville, unique sur la terre, unique dans son sort, renfermait la tombe de celui qui commit le premier des crimes (*) près de quatre mille ans avant de recevoir la tombe de celui qui devait les réparer tous ; elle a vu en figure le premier sacrifice du pain et du vin, deux mille ans avant qu'il se fût réalisé dans le Saint-Cenacle ; elle a vu le premier temple mille ans avant qu'il se fût incarné dans le Christ. C'est dans ses murs qu'ont été inspirées la plupart des prophéties, la plupart des écritures de la Bible, formant ce code éternel d'instruction morale et religieuse qui, réunie à l'Evangile, a civilisé l'Europe moderne et qui doit réduire le monde entier sous ses lois, en commençant par l'Orient, par l'Asie. C'est encore dans l'enceinte de cette cité ou de ses environs que se sont accomplis les principaux mystères du christianisme ; elle en est le témoin oculaire ; elle en renferme encore les preuves testimoniales écrites et dans ses ruines et dans ses monuments et dans ses traditions ; enfin il n'est pas jusqu'à ses tombes muettes qui, aujourd'hui surtout, parlent plus haut que toutes les tribunes des vivants et toutes les chaires de philosophie.

Ici l'on se demande avec surprise, que font les disciples de Mahomet au milieu de ce pays si plein des miracles du Christianisme qui les réprouvent, si plein des châtiments dont Dieu a frappé, et n'en doutons pas, frappera encore les faux dieux et les faux prophètes ? N'est-ce pas insulter à notre dignité de Chrétiens, n'est-ce pas manquer à nos devoirs de fils d'un Dieu jaloux, de souffrir qu'une ville qui, dès l'origine, a été fondée, dans les desseins de la Providence,

---

(*) On sait que d'après les traditions et un grand nombre de Pères de l'Eglise, le Calvaire était aussi le tombeau d'Adam. Les révélations particulières accordées à plusieurs saints personnages de l'Eglise moderne attestent le même fait.

pour lutter contre les progrès de l'idolâtrie et les fausses
religions de l'Orient, qu'une ville qui a été si fréquemment
châtiée pour avoir négligé de remplir sa mission sur la terre,
ou pour s'être prostituée elle-même aux faux dieux, soit
aujourd'hui lâchement abandonnée par les disciples du Christ,
et à qui?..... aux fils d'un jongleur arabe, sorti lui-même de
quelques charlatans, de quelques hérétiques grecs ou syriens,
qui, le cœur plein de vengeance contre l'Eglise et l'Empire,
l'aidèrent à forger son œuvre de prophétie audacieusement
impudente et impudemment mensongère? Est-ce bien à des
chrétiens moralisateurs et civilisateurs par principe de religion, à qui *l'empire de la terre a été promis en faveur de
leurs croyances*, à seconder un culte d'imposture né dans le
désert et dans l'ignorance, un culte ennemi de la culture et
de la civilisation, un culte favorable par système, dit Montesquieu, à l'ignorance, au despotisme, à l'esclavage? Quoi
de plus juste que de refouler dans le désert ce qui est né
du désert, ce qui ne convient qu'au désert, et ne peut s'ap-
pliquer avec justice, c'est-à-dire, avec utilité générale, aux
heureuses contrées que la nature a dotées de toutes les res-
sources de la fécondité et de l'intelligence sociale? Est-ce au
Christianisme de l'Europe qui a pour mission la propagande
de l'Evangile, et à qui Dieu a dit: *allez, instruisez toutes
les nations*, est-ce au Christianisme de l'Europe, disons-nous,
à favoriser une doctrine grossière, barbare, sauvage, dont
l'esprit est la persécution et le glaive, le mépris de l'humanité
et des sciences, l'adoration de la force brutale, le fatalisme.
Bien loin que le Christianisme permette de pactiser d'égal
à égal avec de telles doctrines, avec des doctrines qui depuis
1200 ans se sont plu à l'outrager, à le persécuter lui-même avec
fureur, avec acharnement, bien loin qu'il interdise de repousser
la persécution par la force, qu'au contraire il ordonne aux
Rois comme aux simples citoyens de secourir les opprimés,
de prendre en main la défense des faibles et des victimes,
toutes les fois que l'exigent l'intérêt sacré de la justice et
la cause de l'ordre social. Où en serait l'Europe aujourd'hui,
si Charles Martel, armé de son assommoir et suivi de ses
braves français, n'avait écrasé les hordes de Sarrasins qui
déjà pénétraient au cœur de la France? Où en serait-elle,
si la valeur autrichienne secondée de la bravoure polonaise
et hongroise n'avaient repoussé les Ottomans des murs de
Vienne, ou si le fils de Charles-Quint, ce roi chrétien, ne
les avait submergés dans les mers de Lépante?
N'est-ce pas la Providence, le Dieu des armées qui secondait

ici les coups des vainqueurs, qui voulait se réserver une partie de l'Occident pour patrimoine et la préserver pure de la contagion de l'erreur? Et s'il était vrai que ce Dieu, fidèle à ses antécédents de tous les temps, se fut servi des Arabes, comme jadis des Assyriens, *les plus méchants et les plus destructeurs des hommes*, pour fustiger les corruptions du Christianisme oriental des 5ᵉ et 6ᵉ siècles; s'il était vrai que ce Dieu, toujours le même, eût lâché le torrent dévastateur du Mahométisme sur l'Asie, pour balayer devant lui les temples des faux dieux, pour les remplacer par la croyance à l'unité et préparer de loin les voies au Christianisme; s'il était vrai que les idolâtres alors si nombreux dans cette partie du monde eussent mérité les visites de ces apôtres terribles et sanguinaires de l'Arabie pour avoir rejeté les prédications si douces et si charitables des premiers Apôtres de l'Evangile, il est vrai aussi que la mission de Mahomet a fait son temps et touche à son dernier terme. L'instrument, le fléau de Dieu est brisé à son tour, comme jadis les tyrans de l'Assyrie, comme tous les instruments, tous les fléaux de Dieu.

Il sera peut-être, un jour, demandé un compte sévère, comme à tous les missionnaires conquérants, des crimes inutiles et des tyrannies gratuites de cette domination; le moment en est arrivé; nous n'en voulons d'autre preuve que la situation déplorable où se trouve la compilation arabe, qui, après avoir brûlé la bibliothèque de l'ancienne civilisation, n'a pu qu'à peine soutenir, pendant trois siècles, la lumière de l'imprimerie chrétienne, et meurt à la fois de son mal et de nos remèdes. Pour qui a des yeux, il est visible, en effet, que depuis un demi-siècle et plus le croissant décroît sans cesse, et que cette lune de Mahomet, qui vivait d'emprunt, n'a fait que pâlir, et finira par disparaître entièrement devant le soleil du christianisme européen.

Cette triste destinée est inévitable pour elle; l'avenir n'est pas donné aux doctrines qui n'ont pas de passé, qui n'ont pas poussé de racines profondes dans les vieux siècles du monde. Un système habillé de pièces et de morceaux tirés de la Bible, de l'hérésie nestorienne, de la révolte eutychienne, de la Cabale, du Manichéisme, du Talmud et de la friperie des traditions du désert; un système couvert des stigmates de la servitude et sorti des orgies, des saturnales d'une conspiration contre l'Eglise; un tel système, disonsnous, n'a pas la vie en lui et ne vivra pas.

Le mahométisme est jugé sans appel; c'est une œuvre de vengeance et de persécution; c'est un complot de proscrits contre leur mère, une révolte haineuse des fils de la servante contre les fils légitimes, un souvenir amer de l'exhérédation d'Ismaël contre l'héritage des enfants d'Abraham ; c'est, en un mot, une réaction du désert contre la culture, et l'explosion de la vieille inimitié des nomades contre l'agriculture, l'industrie et les progrès de la civilisation. Une ancienne prophétie de la Génèse a tracé à ce système les limites qu'il n'a pas dépassées et qu'il ne dépassera pas. En parlant de la postérité nombreuse qui devait sortir du fils d'Agar, elle dit :

« Ce sera un peuple fier et sauvage ; il lèvera la main
« contre *tous*, et *tous* la lèveront contre lui ; il dressera ses
« pavillons vis-à-vis de tous ses frères. »

On voit par l'histoire et le caractère toujours le même des Arabes, que la prophétie s'est merveilleusement accomplie depuis près de 4000 ans, et tout annonce qu'elle s'accomplira de plus en plus, aujourd'hui que leur mission temporaire hors du désert de Pharan est terminée. Car, à défaut de prophéties, Dieu s'explique clairement par les faits, les événements, et les faits nous disent que Dieu a réduit la puissance arabe ou turque à un château de cartes que le moindre vent du nord ou de l'ouest emportera dans sa course. Ce vent ne peut manquer de souffler ; car il n'y a pas de remèdes contre l'agonie, et surtout contre les agonies qui donnent naissance à de riches successions.

Il n'est pas, en effet, de puissance du second ou du troisième ordre en Europe, qui n'en finirait aujourd'hui avec la *Sublime-Porte*, avec le *Grand-Seigneur* et les Arabes, tant que le champ de bataille serait un pays cultivé et habité. Une telle situation parle haut, et explique un avenir, prochain peut-être, où *tous lèveront la main* contre cet ennemi du Christianisme, qui, depuis l'an 638, persécute cruellement les Chrétiens de Syrie ou d'Orient, contre cet adversaire de la civilisation, qui, depuis 1200 ans, laisse en une jachère perpétuelle les terres les plus fertiles, les plus belles contrées de l'Europe ou de l'antique Asie, tandis que les populations de plusieurs parties de l'Europe occidentale, pressées, serrées, condensées l'une contre l'autre, meurent de faim, ou tombent dans la corruption par le chemin de la misère, ou vont chercher au-delà des mers un nouveau monde, alors que l'ancien et les plus belles parties de l'ancien sont vides, désertes, dépeuplées. Nous le répétons, la doctrine du désert ne peut enfanter que le désert, et l'expérience prouve surabondamment depuis 12 siècles, que le Paradis terrestre lui-même, s'il était placé sous le joug des

Turcs ou des Arabes, sous ce joug d'un fatalisme oppresseur et de la haine de tout mouvement progressif, se transformerait peu à peu en un désert. Ceci n'est pas une exagération, une figure de langage. L'homme, semblable à Dieu, crée ses créatures à son image; or, l'image des enfants du désert, c'est le désert.

Ouvrez l'histoire de l'ancien monde. Quelles étaient les contrées les plus fertiles et les mieux cultivées de l'ancienne civilisation? N'étaient-ce pas la Grèce, les îles de l'Archipel, la Macédoine, l'Asie mineure, la Syrie, la Palestine, la Mésopotamie, l'Egypte et la Numidie d'Afrique, ce grenier inépuisable de l'Italie? Que sont devenues ces belles contrées entre les mains des Turcs et des Arabes? Ne sont-ce pas des déserts? (*)

Le Koran résiste à toute civilisation, à toute liberté, à tout progrès social, et c'est en vain qu'on essaierait d'en faire sortir ce qu'il ne renferme pas dans sa matrice stérile, ce qu'il ne pourra enfanter, l'ordre social du christianisme européen. Encore une fois, le Koran, né dans le désert, ne peut enfanter que le désert; Dieu lui a refusé la fécondité. Il n'y a que des Mahométans incrédules, ignorants ou philosophes, s'il y en a, qui puissent rêver une transubstantiation de leur doctrine nationale. Le succès n'y répondra jamais. On ne refait pas la Bible d'un peuple, on ne rajeunit pas la vieillesse, on ne fait pas retourner arrière un soleil de six siècles qui a mûri l'immense moisson que l'Islamisme apprête à l'Europe chrétienne.

Mais en attendant que l'heure de la catastrophe ait sonné, que deviendront les Chrétiens d'Orient, quelle sera leur destinée si misérable, si précaire depuis douze siècles? N'est-il pas à craindre que le tigre musulman, blessé à mort et sentant sa fin prochaine, ne retrouve dans l'excès de la douleur ou dans les fureurs de la vengeance, un reste de force qui deviendra fatale à la Palestine et aux Chrétiens qui l'habitent ou la visitent? Ne faut-il pas craindre que le fer et la flamme à la main, il ne fasse disparaître jusqu'au dernier des sanctuaires, des temples et des monuments pour lesquels ses ennemis témoignent une si profonde vénération? Ne sait-

---

(*) Car le peuple et le royaume qui ne vous sera pas assujetti (au christianisme) périra, et je ferai de ces nations un effroyable désert. (Paroles de Dieu dans Isaïe, chap. 60, verset 12.)

Cette prophétie se vérifie physiquement et moralement chez tous les peuples mahométans, et ne se vérifie encore que moralement dans le reste de l'Asie.

on pas qu'en Orient la vengeance est la passion dominante,
le bonheur et la volupté suprème? Ne sait-on pas que vers
la fin du 6ᵉ siècle, lors de la prise et du sac de Jérusalem par
Chosroës II, roi de Perse, les Juifs, beaucoup moins puissants que ne le sont aujourd'hui les Musulmans, achetèrent
de ce prince environ 90,000 prisonniers chrétiens de Palestine,
pour se donner le lâche et le féroce plaisir de les massacrer
les uns après les autres, et de boire à longs traits le sang
chrétien dont ils avaient soif? Les Musulmans, les Arabes
d'aujourd'hui sont-ils moins fanatiques, moins sanguinaires
que les Juifs de cette époque? Nul n'oserait l'affirmer. Mais
il y a plus.

Les Musulmans ne sont dignes d'aucune foi, d'aucune
confiance, quand ils promettent par firmans ou par paroles
de ne pas persécuter *les infidèles*. Toute leur histoire est là
pour déposer de cette vérité. Ils n'ont *jamais* tenu les traités
et les conventions par lesquels ils s'étaient engagés à respecter la foi religieuse des peuples vaincus, et à leur accorder,
sans vexations, l'exercice de la liberté des cultes. Et quand
ils ne pouvaient ou n'osaient se permettre une persécution
trop ouverte, ils n'ont jamais manqué d'exercer contre les
mécréans une persécution sourde, une tyrannie lente ou
latente, composée de mille vexations, de mille avanies, de
mille exactions plus insupportables que le court martyre du
cimeterre. Et comment en serait-il autrement?

Mahomet a érigé la persécution religieuse en loi, en pres-
cription formelle, en *commandement de Dieu*, qu'on enseigne
aux Musulmans dès leur enfance, et qu'on leur présente
comme une *condition rigoureuse du salut*.

« Combattez contre les infidèles, leur dit-il dans son Koran,
« jusqu'à ce que toute fausse religion soit exterminée; mettez-
« les à mort, ne les épargnez pas, et lorsque vous les aurez
« affaiblis à force de carnage, *réduisez le reste en esclavage,*
« et *écrasez-les par des tributs* (*). »

N'est-ce pas là la loi que les Musulmans ont, depuis 12
siècles, fidèlement exécutée en Syrie et en Palestine contre
les Chrétiens? Eh bien! Il n'est pas de loi plus sacrée que
celle-là aux yeux des Musulmans; ils se croyent obligés,
en conscience, de haïr sincèrement ceux qui ne sont Musulmans, ceux qui sont *infidèles*, les Chrétiens, les Juifs, les
Idolâtres, mais surtout les Chrétiens; toutes les injustices,

---

(*) Koran, chap. 8, v. 12 et 39; chap. 9, v. 30; chap. 47, v. 4.

2

les extorsions, les insultes, les avanies leur sont non-seulement permises, mais leur sont commandées pour remplir cette obligation, et c'est là une des premières leçons qu'on donne aux enfants et aux nouveaux convertis. Ceux d'entre eux qui seraient tolérants, humains, bienveillants ou seulement justes envers les infidèles, cesseraient d'être de bons musulmans, et seraient considérés comme traîtres à la patrie et à la foi nationale.

Mais il n'en est plus ainsi aujourd'hui. — Ne sait-on pas que rien n'a changé en Orient depuis la conquête? Ne sait-on pas que le Mahométisme est précisément fondé sur l'immutabilité en toutes choses ; que le changement, le perfectionnement sont considérés par les docteurs musulmans comme des actes de révolte contre Dieu et son Prophète, qui ont parlé une fois, et ne parlent pas une seconde fois? Ne sait-on pas que dans l'Islam, c'est *la lettre qui tue*, et *non l'esprit*, qu'on adore.

Oui, la morale et la politique des Musulmans actuels sont encore celles des Musulmans conquérants, qui, le Koran d'une main et le cimeterre de l'autre, disaient aux peuples : *Croyez ou soyez exterminés.*

Et ceci n'est pas une opinion particulière que nous exprimons, c'est la traduction exacte des faits journaliers que nous publions, c'est l'opinion de tous ceux qui ont visité ou jugé l'orient musulman, de tous ceux qui font autorité en pareille matière.

« C'est un malheur, dit Montesquieu, pour la nature hu-« maine, lorsque la religion est donnée par un conquérant. « La religion mahométane, qui ne parle que de glaive, *agit* « *encore sur les hommes avec cet esprit destructeur qui l'a* « *fondée.* » Voilà le jugement que Montesquieu porte sur le *peuple brigand*, comme il l'appelle ailleurs.

Veut-on un jugement, qui sera réputé plus impartial, plus philosophique, plus dégagé de toute espèce de prévention chrétienne? Qu'on lise l'ouvrage de M. de Volney, qui a soigneusement visité l'Orient, et dont l'autorité certes ne saurait être suspecte, quand il s'agit de préoccupation religieuse. Ce voyageur philosophe prouve démonstrativement que le *despotisme*, l'*intolérance*, le *fanatisme* et tous les fléaux que ces principes traînent à leur suite, *sont un effet naturel et inévitable de la doctrine insensée du Koran.*

M. de Volney n'est pas le seul philosophe qui ait rendu cette justice au Mahométisme. Un des plus fougueux ennemis que le Christianisme ait eus dans le 18e siècle, est forcé de convenir que *si l'on n'avait arrêté les progrès du fanatisme des Musulmans, c'en était fait de la liberté du monde.*

« Sous le joug, dit-il, d'une religion qui consacre la « tyrannie en fondant le trône sur l'autel, qui semble im- « poser silence à l'ambition en permettant la volupté, qui « favorise la paresse naturelle à l'homme en interdisant les « opérations de l'esprit, *l'esclavage est établi pour jamais.* »

Le baron de Tott, dans ses mémoires publiés quelques années avant la révolution française, vient à l'appui de ce jugement ; il y décrit le déréglement des mœurs, la corruption énorme des deux sexes, l'avilissement des femmes, qui sont les résultats de la polygamie ; il y dépeint la multiplication de l'esclavage, l'ignorance universelle, le mépris des lois, le despotisme du gouvernement, l'asservissement des peuples, l'abrutissement des hommes, et la dépopulation générale que le Mahométisme a introduits partout où il domine.

Les voyageurs les plus récents ne sont pas plus favorables au Mahométisme et aux résultats qu'il a produits en Orient sur les hommes et sur les choses. Sans parler de M. de Châteaubriand, dont toute l'Europe connaît l'*Itinéraire à Jérusalem*, le baron de Geramb, dont le noble caractère et la haute piété garantissent la modération, après un voyage de trois ans passés en Orient depuis 1831, a courageusement dévoilé à la chrétienneté les mystères d'iniquité, d'oppression et de persécution perpétuelle dont les musulmans de Syrie et de Palestine couvrent leur politique envers les chrétiens. Dans de nombreux passages de sa relation, il dépeint le gouvernement de Syrie avec les traits qui lui sont propres ; *c'est,* dit-il, *un gouvernement fanatique, inquiet, jaloux, violent, tyrannique, spoliateur,* et si l'or n'avait la vertu d'endormir pour quelques jours ce dragon de la fable mahométane, il serait impossible à des chrétiens de supporter la vie en Orient. *Mais avec de l'or,* ajoute-t-il, *on achète les pachas, les gouverneurs, les juges et les jugements.*

Maintenant, nous le demandons, quelle confiance peut inspirer un peuple, une doctrine qui produit de tels résultats, une religion qui *commande la persécution* au nom de Dieu, qui *permet la vengeance* et la peine du talion, qui ordonne l'apostasie sous peine de la vie, qui autorise *la violation du serment et des traités,* qui justifie toutes les turpitudes de la débauche (*) et toutes les rapacités de l'avarice, qui refuse à l'intelligence humaine le légitime développement de

---

(*) Chap. 55, 56 et 662 du Koran.

ses facultés, et l'insulte en lui imposant une chaîne de croyances tissue d'absurdités, de puérilités, d'obscénités et de fables ridicules ; qui n'impose aucun frein, aucune vertu aux passions du cœur, et qui, après avoir souillé la terre de tous les genres de corruptions physiques et morales, a entrepris de corrompre jusqu'à l'idée de Dieu et d'un meilleur avenir, en rendant Dieu l'auteur fatal de tous les maux de ce monde, et en faisant du ciel même un lieu de débauche et de prostitution.

Osera-t-on encore parler de la confiance que mérite la parole des chefs suprêmes de cette nation, dans un pays où la trahison, la ruse, la perfidie, l'hypocrisie, les apparentes concessions, les firmans et le manque de foi sont des devoirs religieux, dans un pays d'ailleurs où l'anarchie est endémique comme la peste, dans un pays où ces chefs eux-mêmes n'ont pas la moindre confiance, nous ne disons pas dans la fidélité de leurs sujets, mais dans la fidélité de leurs propres parents, de leurs frères, de leurs filles dont ils étouffent, dont ils étranglent les enfants mâles au sortir du sein de leur mère.

La force, la force brutale, voilà le Dieu véritable du fatalisme et des Musulmans ; un sépulcre toujours ouvert, la bouche béante du tonnerre des Chrétiens, voilà ce qui peut les contenir dans le devoir, dans la justice. Hors de là, il y a duperie à compter sur leur fidélité aux traités, aux conventions, aux firmans, aux promesses verbales ou écrites, et c'est là ce qui résulte de leur histoire. L'avenir démentira-t-il un tel passé ? Nous ne le pensons pas.

Mais en supposant contre toutes les probabilités et les données historiques, que ces craintes de l'avenir soient peu fondées, l'état présent ou passé de la Palestine, l'état présent des chrétiens qui l'habitent ou la visitent, n'est-il pas une insulte à la dignité du Christianisme, à la dignité des Chrétiens et surtout des puissances chrétiennes de l'Europe ? N'est-il pas honteux pour la chrétienneté européenne que des soldats de Mahomet mettent le sépulcre de Jésus-Christ en fermage, qu'ils s'en constituent les geoliers, les gardiens, les usufruitiers, et fassent payer aux Chrétiens qui désirent le visiter, le tribut de la servitude, autant de fois répété que cette visite se répète de fois elle-même ? N'est-il pas honteux de voir que beaucoup de nos églises construites autrefois sur les lieux sanctifiés par les mystères de notre religion, aient été converties en mosquées, et que le temple musulman d'Omar construit sur les ruines du temple de Salomon, ne soit formé que des débris de deux basiliques, élevées l'une sur le berceau et l'autre sur la tombe du Dieu des chrétiens? N'est-il pas honteux pour les chrétiens de tous les cultes, que le St Cénacle, bâtie sur l'antique et prophétique Sion, sur les ruines du palais de David, sur le lieu même où reposait l'arche de l'ancienne alliance ; le Saint Cénacle où le Christ établit l'alliance nouvelle, où il prouva sa résurrection par son apparition aux apôtres, où l'esprit de vérité descendit sur les premiers missionnaires du christianisme; le St Cénacle enfin qui vit s'élever la première Eglise, consacrer le premier Evêque, fonctionner le premier Pape et établir le premier Concile, que ce sanctuaire saint à tant de titres, d'où partit l'enseignement de l'Evangile pour changer la face de la terre, soit aujourd'hui, le croirait-on, un temple dont un chrétien n'ose approcher que sous peine de mort, un temple audacieusement élevé à l'imposture, élevé à la gloire d'un prophète de mensonge, chez lequel tout est mensonge, tout jusqu'au nom de Sarrasins usurpé par son peuple? N'est-il pas révoltant de voir l'insolente et brutale milice d'un Pacha envahir périodiquement, *en dépit de tous les firmans*, les hospices, les monastères et les asiles sacrés de la Palestine, s'y établir en garnisaire sans provocation aucune, *y vivre à discrétion*, dit M. de Châteaubriand, pressurer, torturer, outrager les hommes paisibles préposés à la garde des lieux saints, y déposer sous leurs yeux des ordures, des immondices sur les objets de notre vénération, leur imposer des tributs, des contributions extraordinaires, leur extorquer, le couteau sur la gorge, tous les dons de la charité européenne, les ruiner, les réduire eux-mêmes à la mendicité, et, pour rassasier l'insatiable avarice des Arabes, les forcer de mettre en gage chez des Juifs, les vases sacrés, présents de la magnificence et de la piété des anciens souverains de l'Europe?

Oui, honte, cent fois honte à ceux qui ne sentiraient pas cet état de dégradation de nos établissements religieux de la Palestine, à ceux qui ne comprendraient pas tout ce qu'il y aurait de lâcheté à tolérer plus longtemps un tel état de choses qui insulte à tout le Christianisme, à ceux qui resteraient insensibles devant cette plainte amère échappée au dernier voyageur français dans ces contrées : *Je ne connais pas*, dit le baron de Geramb, *de martyre comparable à celui de ces infortunés religieux; l'état où ils vivent est celui où l'on était en France sous la terreur.*

Il n'en était pas ainsi sous Charlemagne, vers la fin du

8ᵉ siècle, quoique l'Islamisme fût à cette époque dans toute sa vigueur, dans toute la force de son enthousiasme politique. Il suffit de la renommée de puissance dont jouissait ce grand Roi en Occident pour protéger efficacement en Orient la vie, la fortune et la liberté des chrétiens. Croirait-on, aujourd'hui, si l'histoire n'était là pour attester le fait, que les Soudans de Palestine envoyèrent à Charlemagne les clefs du sépulcre de Jésus-Christ, et par respect pour lui suspendirent, sous son règne, les hostilités et les persécutions dont ils accablaient les chrétiens avant lui et dont ils les accablèrent après lui. Voilà ce que peut l'empire de la force sur les musulmans qui l'adorent comme le signe infaillible de la volonté de Dieu.

Les souverains actuels de l'Europe sont-ils moins puissants que Charlemagne? Non, cent fois non, mais Charlemagne appartenait de cœur et de principe à la religion de ses sujets, de ses peuples; Charlemagne savait que la plus habile politique au-dedans et surtout au-dehors, surtout en Orient, consiste à ne pas renier le Dieu de ses pères, à ne pas abandonner la foi de ses peuples; les musulmans le connaissaient, le craignaient et lui rendirent l'hommage dont nous venons de parler, et que lui seul obtint. Ont-ils eu cette opinion des souverains qui ont paru depuis ce prince en Europe, et dont plusieurs étaient beaucoup plus puissants que Charlemagne? Que l'histoire réponde à cette question.

Les musulmans savent par expérience que les puissances européennes ont toléré longtemps tous les genres d'insultes et d'outrages qu'ils ont voulu prodiguer aux chrétiens d'Orient ou aux chrétiens d'Occident qui ont visité la Palestine, et que les brigandages qu'ils ont exercés contre nos sanctuaires ou contre les adorateurs du Christ, ne leur ont attiré aucun châtiment, aucune répression efficace, ou ne leur ont valu que quelques timides représentations, quelques respectueuses sollicitations de firmans dont on connaît la valeur en Syrie. Ils semblent croire que ces puissances font bon marché des intérêts religieux ou moraux de leurs sujets, et que plusieurs d'entre elles affichent ainsi, par suite d'une tolérance que l'Orient n'a jamais comprise, une indifférence réelle, aussi impolitique dans leurs relations extérieures que peu sage dans le gouvernement immédiat de leurs sujets, indifférence qui depuis tant de siècles a fait des milliers de victimes chrétiennes en Orient, et qui exerce même une influence désastreuse sur la moralité de l'Occident. Ils croyent, les musulmans, par les faits qui se sont passés depuis plusieurs siècles, que les souverains chrétiens de l'Europe n'ont à cœur que les intérêts matériels, les intérêts commerciaux et industriels, et que, pourvu qu'ils respectent ces idoles de notre avarice, ils seront nos meilleurs amis.

Et en effet, ils voient que le sucre, le café, le coton, la canelle ont leurs défenseurs spéciaux, leurs consuls dans chacun de leurs ports, dans chacune de leurs places de commerce, et que le sépulcre de J.-C. n'a lui, pour le défendre, pour l'honorer, que quelques moines grecs ou latins, qu'une immense charité attache au pied du Calvaire et fait vivre héroïquement au milieu de mille outrages et de mille dangers de mort. Ils savent qu'un négociant d'Europe qui voyage en Orient pour son intérêt personnel, pour arrondir sa fortune, est l'objet de toutes les protections, de toutes les prévenances même de la part des Musulmans, qui voyent flotter le drapeau de sa nation tout prêt à le couvrir de son ombre; ils savent même que les princes chrétiens envoyent leurs canons et leurs vaisseaux venger l'injure ou l'injustice faite à des marchands; mais ils voyent aussi qu'un européen qui n'est que chrétien, qui n'est que pèlerin, ou qui ne voyage dans la Palestine que pour l'intérêt de la religion et de la science sacrée, est nécessairement un homme de douleur, une victime destinée à l'outrage, un homme taillable à volonté et à merci. Ils voyent même qu'un savant, qu'un archéologue, qu'un historien, qu'un illustre littérateur, qu'un grand poète, qu'un Châteaubriand, un Lamartine, un Geramb, s'il veut visiter les lieux saints, ces lieux qui excitent à un si haut degré notre intérêt, ces lieux que nous avons appris à balbutier dès l'enfance, ces lieux qui sourient à l'imagination, qui touchent le cœur, ces lieux qui sont l'héritage spirituel de tout chrétien, et que tout lecteur des Écritures a fait vœu de visiter un jour; il faut qu'il soit à la tête d'une grande fortune, il faut qu'il puisse entretenir à sa solde une petite armée, il faut qu'il soit lui-même armé d'estoc, de taille et de courage, et décidé à satisfaire sa piété ou sa légitime curiosité au péril de sa vie et au risque de tous les outrages.

Voilà la situation à laquelle sont réduites la Palestine et la Chrétienneté européenne qui désire la visiter. Cette situation n'est-elle pas honteuse, nous le répétons, n'est-elle pas indigne des puissances chrétiennes de l'Europe, et du rôle qu'elles jouent ou qu'elles sont appelées à jouer en Orient? Oui, elle est indigne, nous ne disons pas de l'honneur et de la sagesse, mais de la décence et des simples convenances de la politique européenne. Les grandes puissances le reconnaîtront elles-mêmes.

Elles se rappelleront aussi qu'il fut un temps où tous les Souverains de l'Europe, obéissant à l'impulsion de leurs peuples, rivalisaient de zèle et de charité pour protéger les chrétiens d'Orient, et les Pères de Terre-Sainte, au moins contre la misère, et qu'il n'y a pas de sanctuaire en Palestine qu'ils n'aient doté de quelque marque de leur munificence et de leur piété. Les rois de France, d'Espagne, d'Angleterre, d'Autriche, d'Allemagne, de Pologne, et les Souverains des différents états d'Italie, envoyaient à l'envi leurs offrandes aux lieux saints, et il n'est peut-être pas de monument dans cette terre sacrée qui ne soit aussi un monument de leur charité. Leurs sujets applaudissaient à cette politique; car s'il y eut jamais une cause vraiment populaire, ce fut sans contredit celle des guerres entreprises en faveur de la Palestine, en faveur d'une religion qui a délivré les classes populaires de l'oppression, de l'esclavage, et qui leur a successivement donné toutes les garanties, toutes les protections, toutes les institutions de bienfaisance dont ils jouissent dans le monde chrétien, et que le monde païen n'a jamais connues. Il en est encore de même aujourd'hui; la cause de la Palestine, dont le peuple a appris dès l'enfance la géographie et l'histoire, est restée chère aux classes populaires, et l'on ne saurait douter que toute politique libérale, tout acte de reconnaissance témoignée à cette mère primitive de toutes les institutions libérales et bienfaisantes que le peuple a obtenues en Europe, n'obtînt à son tour les applaudissements des classes populaires de toute la chrétienneté de l'Occident.

Nous ne craignons donc pas de dire que les souverains de cette chrétienneté, aujourd'hui surtout que la Providence a réduit la puissance des persécuteurs à une ombre vaine, aujourd'hui qu'elle annonce par elle-même, c'est-à-dire, par des faits évidents, la fin des châtiments qui ont désolé la Palestine pendant 12 siècles, nous ne craignons pas de dire que ces souverains paraîtraient trahir la foi de leurs peuples et déserter leurs premiers devoirs, s'ils ne saisissaient pas une occasion où ils n'ont qu'à vouloir, qu'à ordonner pour obtenir la restitution de la Terre-Sainte à la vénération des chrétiens de tous les cultes, et pour rétablir *par eux-mêmes* l'ordre, la sécurité et la justice sociale dans cette terre sacrée, d'où sont parties toutes les idées d'ordre et de justice sociale qui ont créé la civilisation moderne.

Et quel signe plus infaillible pourrait-il y avoir d'une conquête vraiment chrétienne et même providentielle, que celle qui n'a pas même besoin de tirer l'épée de Saint Pierre pour se réaliser, que celle, où Dieu, comme il l'a fait tant de fois en faveur des Israélites restés fidèles, nous livre les ennemis et les persécuteurs de notre foi *sans coup férir*, et réduit tous les travaux de cette croisade évangélique à un simple acte de volonté émané d'un congrès de l'Europe chrétienne. Oui, c'est aujourd'hui que se réalise visiblement pour nous ce cri de ralliement que poussaient jadis nos pères, ce cri de *Dieu le veut, Dieu le veut*, au bruit duquel ils se précipitaient héroïquement sur la Syrie, et vengeaient par le sang musulman le sang chrétien versé dans cette patrie du Christianisme. Les temps d'épreuve et d'expiation sont révolus pour les chrétiens d'Orient; là terre promise jadis aux fils, aux enfants *spirituels* d'Abraham, leur sera restituée un jour, à la condition d'y conserver le dépôt de la foi et des bonnes œuvres qui seules rendent dignes de l'habiter; car la Terre-Sainte n'a été promise qu'à un peuple saint, la terre de promission qu'à un peuple fidèle dans ses promesses; s'il y a une vérité historique au monde, une vérité qui se soit vérifiée à toutes les époques historiques, c'est celle-là.

Et comment, en présence de la situation actuelle des Musulmans, en présence des événements qui se sont passés en Turquie et en Syrie, ne pas concevoir une espérance, si près de la réalité, qu'elle est, pour ainsi dire, déjà passée à l'état de fait accompli? Naguère, les puissances de l'Europe, et la France à leur tête, animées par une sympathie généreuse et chrétienne, ont porté secours et aide aux opprimés de la Grèce se débattant péniblement contre le joug musulman. Pour obtenir la délivrance de ce beau pays dévasté par les Turcs, elles n'ont pas hésité de lever des armées, d'équiper des flottes, de voter des sommes considérables et de recourir à une intervention active et sanglante. Et pour déterminer cette croisade nouvelle contre l'Islamisme, il suffit d'évoquer les ombres de la Grèce antique, de la Grèce païenne, il suffit de rappeler les services que cette contrée glorieuse avait rendus jadis et même rend encore aujourd'hui aux lettres, aux sciences et aux beaux-arts; le cri de l'humanité opprimée fit le reste, et la flotte musulmane fut anéantie à Navarin.

Au commandement puissant de l'Europe chrétienne, la Grèce ressuscita de la tombe, où l'avait ensevelie la tyrannie musulmane; elle en sortit les mains encore toutes chargées des liens de la mort sociale à laquelle elle était condamnée depuis tant de siècles; elle en sortit pour renaître au Christ, à la liberté, et peut-être pour donner encore au monde le spectacle de son ancienne puissance, ou plutôt le spectacle de ce que peut l'Evangile pour la résurrection des vieilles nations et leur seconde floraison fondée sur les principes de la religion.

Eh bien! ce que l'Europe chrétienne a fait pour honorer la patrie de Socrate, de Platon et d'Aristote, refuserait-elle de le faire pour honorer la patrie du Christ, la patrie du Christianisme, la patrie spirituelle de tous les Chrétiens? Ce qu'elle a fait par reconnaissance pour un pays qui fut la source de la philosophie, des sciences et des lettres profanes, refusera-t-elle de le faire par respect pour celui devant lequel toute l'Europe fléchit le genou, pour celui que la philosophie grecque n'a jamais pu atteindre dans ses spéculations les plus élevées, pour celui qui fut le verbe, la parole, la science incarnée, la source de toute science humaine, pour celui qui a défriché, civilisé l'Europe, et qui, après avoir établi son trône sur les débris de tous les faux dieux et de tous les faux prophètes, *la fera régner sur l'univers entier.*

Et déjà s'accomplissent ces prophétiques destinées; déjà se révèle à nous d'une manière indubitable cet avenir promis à l'Europe, promis par celui dont les promesses se sont toutes accomplies, et chez lequel tout était prophétique, tout jusqu'à son silence. Du haut de la croix, où l'avait cloué l'Orient, et où il tournait le dos à l'Orient, il appelait de ses regards cet Occident qui, depuis, n'a cessé de répondre à son appel (*). L'Europe, en effet, a seule accepté et développé la doctrine divine qui fut rejetée par l'Asie et par le reste du monde. L'Europe, devenue chrétienne, est seule arrivée à la science et à la puissance; l'Europe, devenue chrétienne, a christianisé un nouveau monde tout entier; l'Europe, devenue chrétienne, a placé un pied vigoureux sur l'Afrique et sur l'Asie que déjà elle embrasse et enveloppe de toutes parts; l'Europe, devenue chrétienne, est destinée à conquérir toute la terre à la vérité, et tant par l'immense supériorité de ses armes que par l'immense supériorité de son verbe, de ses lumières et de ses doctrines, est appelée à consommer sur cette terre l'œuvre évangélique de la régénération, de la renaissance universelle, appelée à confondre toutes les nations dans l'unité d'un seul Dieu, et à réaliser cette antique prophétie qui transportait de joie les oracles de Sion : *Jerusalem, Jerusalem, civitas Dei, te adorabunt omnes gentes terræ. Jérusalem, Jérusalem, toutes les nations de la terre t'adoreront un jour.*

(*) On sait que le Christ, attaché à la croix, tournait le dos à Jérusalem, à l'Orient, et dirigeait les yeux vers l'ouest, vers les îles, vers l'Europe, comme les prophètes l'avaient annoncé cinq, six et sept cents ans d'avance.

Ce jour s'approche de nous ; nous touchons à son aurore ; les premières lueurs de son crépuscule ont paru depuis long-temps. En effet, les empires Mahométans d'Europe et d'Asie tombent en ruines de tous côtés ; chaque jour s'en détachent de nouveaux quartiers ; le mahométisme croule de toutes parts, ou plutôt il meurt, il disparaît et s'efface, comme un croissant de lune devant le soleil levant. C'est que le mahométisme, comme son signe l'indiquait, comme cela était écrit sur son drapeau, ne devait être qu'une phase transitoire de l'histoire de l'Orient ; le mahométisme ne devait être que le châtiment temporaire de l'Orient, qui voulait un Messie, un Prophète conquérant. L'Orient a eu ce qu'il demandait, et, ajoutons, ce qu'il méritait. Il a vu maintenant, et certes par une cruelle série d'expériences, ce que devait être ce Roi de ses concupiscences, ce Roi de ses passions ambitieuses et charnelles ; il a vu, lui qui avait rejeté la sainte liberté de l'Evangile, ce que devait être ce *fier et sauvage* dominateur qu'il préférait au Messie triomphant sur l'ânesse ; il a vu par une longue et sanglante tragédie, par un esclavage douze fois séculaire, ce que produisait la servitude de ses cupidités, et ce que pouvait pour son bonheur ce Prince des *fils de la servante* ; il a vu ce que l'Orient et le monde païen n'avaient jamais vu sous leurs tyrans les plus féroces et les plus san-guinaires, un gouvernement appuyé sur une religion immonde et immorale, un gouvernement protecteur de tous les fléaux de la société, fauteur de la stérilité, propagateur de la dépo-pulation, inventeur ou créateur d'une série de maux inconnus avant lui ; un gouvernement jaloux de l'intelligence, jaloux de la fécondité des hommes, ennemi de celle de la terre, corrupteur de la conscience et de la morale native de l'huma-nité ; un gouvernement de colère et de vengeance, qui, dans sa rage de destruction, accusant le cimeterre d'impuissance et le bourreau de lenteur, après avoir corrompu le ciel et la terre, est descendu aux enfers et s'est fait l'allié de la famine, le père nourricier de la peste et l'auxiliaire de la mort (*).

(*) Les anciens plaçaient la *peste* et la *famine* aux portes des enfers, et ce symbole, aussi juste qu'expressif, s'applique parfaitement à l'infernal despotisme des turcs, des tartares et des arabes-mahométans, lesquels, pour prendre une ville forte qui résistait, y jetaient le *vaccin de la peste*, ou laissaient *pourrir sans sépulture les cadavres autour de ses murs*, pour exciter une épidémie pestilentielle, faire périr ainsi les habitants, et les forcer à se rendre. On sait d'ailleurs que les mahométans, *par principe de religion*, n'ont jamais osé prendre de mesure sanitaire contre la peste, ou de mesure administrative contre la famine, et qu'ainsi le mahométisme a toujours été le foyer de ces deux fléaux.

Est-il étonnant que de tels empires s'écroulent, et ne faut-il pas s'étonner plutôt qu'ils aient pu vivre la vie d'un homme? Mais ce n'est pas seulement dans le monde mahométan que s'observent les symptômes de la destruction et les signes avant-coureurs de grandes révolutions sociales. Une vaste transformation se prépare, s'opère successivement dans tout le monde asiatique. Du Japon à l'Indus, et de l'Indus aux Dardanelles, toutes les sociétés s'ébranlent, toutes les religions se confondent, toutes les nationalités s'effacent ou s'affaiblissent. L'antique synthèse des peuples asiatiques s'est décomposée. Partout les civilisations ont avorté, rétrogradé ou sont restées stationnaires; partout les lumières se sont arrêtées, se sont éteintes ou sont restées bien au-dessous de l'ancien paganisme d'Europe, comme si, dans les vues de la Providence, ce dernier avait été destiné à jouer le rôle d'une préparation évangélique, ou comme s'il y avait une limite de sagesse et de puissance, tracée par Dieu même et que le rationalisme humain ne dût pas franchir, avant sa conversion au Christianisme. En un mot, dans toute l'Asie, règne la terreur de l'Occident, de ses vaisseaux, de ses canons, de ses soldats; les populations y ont conscience de leur faiblesse, de leur infériorité; des prédictions fatales, avant-coureurs ordinaires des grandes révolutions, parcourent les villes et les campagnes; on désigne déjà les portes par lesquelles entreront un jour les Chrétiens; et de là ces persécutions sanglantes dirigées contre les missionnaires de l'Europe chrétienne, mais de là aussi les vives sympathies qui accueillent ces prédicateurs héroïques de l'Evangile, lesquels, au prix de mille morts, vont conciliant les cœurs et les esprits aux vérités du christianisme, pendant que le nord, le midi, l'est et l'ouest de ce vaste continent sont successivement envahis et comme bloqués par les forces militaires ou commerciales des peuples chrétiens. Qui pourrait, du reste, douter de ces destinées de l'Asie, alors que vingt mille anglais ont suffi, depuis un siècle, pour contenir dans l'obéissance plus de cent millions d'indiens?

Voilà, prouvée par les chiffres, l'immense supériorité des adorateurs du Christ sur les adorateurs de Brama, de Bouda, de Foé, de Confutzé et de Mahomet, et voilà comme s'est vérifiée cette direction symbolique du Christ vers l'Occident, et cette maxime prophétique, *que les plus petits deviendront les plus grands,* c'est-à-dire, en interprétant sur une grande échelle, que l'Europe chrétienne, *la plus petite partie du monde,* est devenue, par le christianisme, *la plus grande,* et subjuguera le monde entier à ses lois et à ses doctrines.

Est-il nécessaire de rappeler, à l'appui de ces résultats ou de ces espérances, qu'une poignée de maronites chrétiens, placés au centre même du mahométisme, a suffi pour s'affranchir de sa domination, et qu'une autre poignée de chrétiens, également placés au milieu de ce système, a suffi pour lutter victorieusement contre toutes les forces d'un empire mahométan.

Voilà les pas qui sont faits, mais il en reste un autre à faire.

Que l'Europe chrétienne plante d'une main hardie l'étendard de la croix à Jérusalem ; qu'elle affranchisse du joug des faux prophètes cette patrie de la prophétie divine et de la liberté chrétienne, et par ce seul fait, elle aura renversé un immense boulevard qui s'oppose encore à la conquête spirituelle ou matérielle de l'Asie.

Ce boulevard spirituel du mahométisme une fois à terre, les peuples de l'Orient, les peuples de l'Asie, qui adorent la force et le fait brut de la possession, comme un signe non équivoque de la volonté du ciel, ne diront plus à nos missionnaires qui leur prêchent l'Evangile : *que Mahomet est un plus grand prophète que Jésus;* ils ne diront plus que si l'islamisme a pu réduire la patrie même du christianisme en servitude, que s'il a la puissance d'imposer des tributs et des outrages aux adorateurs du Christ, s'il lui est permis d'exploiter le sépulcre du Dieu, ou, comme ils disent, du *prophète des chrétiens,* c'est que *l'exercice de cette puissance est agréable à Dieu,* c'est que le prophète *de la Mecque est supérieur en crédit au prophète de Nazareth,* c'est que l'islamisme est une religion plus pure, plus vraie, plus conforme à la volonté de Dieu que le christianisme. Les musulmans ne diront plus ces choses; l'Asie ne répétera plus cette théologie absurde mais spécieuse pour l'ignorance, et tout l'échaffaudage grossier de l'incrédulité orientale tombera devant la croix, comme jadis les murs de Jéricho devant l'arche d'alliance.

Le christianisme, après s'être consolidé pendant 18 siècles dans l'Occident, va à l'Orient; il y va avec ses doctrines, ses sciences, ses arts, ses armes, son industrie, son commerce et même ses langues; il va lui donner la fécondité, la vitalité, la moralité qu'il n'a pu trouver dans ses pagodes et ses mosquées; il va repeupler ces fertiles contrées que le fatalisme a frappées de stérilité. Ce qui se passe en ce moment sur les côtes d'Afrique, que le mahométisme aussi avait changées en déserts, en nids de pirates, et où, grâce à la valeur française, le christianisme longtemps persécuté relève la tête, se répétera bientôt peut-être sur d'autres points de ce continent et sur celui de l'Asie, en commençant par la Syrie. Cette grande révolution, que tout annonce depuis longtemps, ne peut manquer de s'accomplir dans ce siècle, au moins en bonne partie. Mais pour qu'elle puisse s'opérer sans trop de secousses, sans trop de désastres et avec cette haute modération qui doit caractériser les messagers de *la bonne nouvelle*, il est nécessaire, avant tout, que l'étendard des civilisateurs, planté à Jérusalem, à l'entrée de la route d'Asie, soit respecté de tous. Il importe non-seulement à l'honneur, à la dignité de l'Europe chrétienne, mais il importe aussi à ses intérêts temporels, que la croix et les sanctuaires de notre vénération obtiennent de tous et surtout des mécréans du mahométisme, les respects au moins extérieurs qui leur sont dus. On ne prend pas, en Orient surtout, les arts, les manières, les coutumes de ceux dont on *méprise* les croyances religieuses; on n'achète pas les marchandises de ceux qu'on traite de *chiens de chrétiens*; on ne devient pas, en un mot, le consommateur de peuples qui ne savent pas faire respecter les lieux mêmes qui les ont vus naître, les lieux qu'ont habités, qu'ont sanctifiés à jamais leur Dieu, leurs prophètes, leurs apôtres, leurs docteurs, leurs martyrs et leurs pères spirituels.

Le fond, le noyau, le principe même de la question d'Orient est religieux; la circonférence, les conséquences seules en sont politiques. Ce qui domine, ce qui est sur le premier plan dans le tableau, c'est un peuple barbare dont la religion a fait une bande de loups ravisseurs, une bande de chakals, dévorant les vivants et les morts, déterrant les cadavres, vivant de rapine et de tombeaux; plus loin un troupeau d'agneaux, qui, au nom de la religion aussi, se laissent tondre et égorger sans autres cris que ceux qu'arrache la douleur à la victime sous le couteau; plus loin encore, une troupe de chiens fidèles, de fidèles gardiens, qui jusqu'à présent n'ont pu garder qu'eux-mêmes, mais dont la religion au besoin ferait un peuple de lions......

La Croix et le Croissant, voilà ce qui est en regard, en opposition dans l'Orient; la Croix croissant toujours, et le Croissant ne cessant de décroître. Tel est le spectacle merveilleux mais vrai qui frappe les yeux de l'observateur. M. de Lamartine, notre grand poète et notre grand orateur, qui a vu les lieux, a vu aussi et bien compris ce spectacle; mais a-t-il été *bien compris* à son tour? L'avenir, et un avenir prochain peut-être répondra à cette question.

En attendant, et supposé que le grand remède de l'émancipation totale de la Syrie ne puisse entrer pour le moment dans les plans de la diplomatie européenne, il y a une haute question d'humanité, de justice et d'ordre social à vider entre l'Europe chrétienne et cet avant-poste du mahométisme asiatique.......

Un roi de l'antiquité, cité par Montesquieu (*), après avoir défait trois cent mille Carthaginois, renonça à tous les droits de sa victoire, à la condition que les vaincus renonceraient eux-mêmes aux sacrifices de victimes humaines..... Faut-il que l'Europe du Christ soit réduite à trouver des modèles de charité et d'humanité chez les princes païens ? L'Europe rendra-t-elle la Syrie aux barbares, sans leur imposer au moins les conditions du roi de Syracuse ? Nous n'osons le croire pour l'honneur de l'Europe. Mais s'il était prouvé par l'histoire, par une expérience de plusieurs siècles, que de semblables conditions cent fois obtenues des Musulmans sous le nom de *firmans*, ont été cent fois violées, comme si elles n'eussent jamais existé ; s'il était démontré que toutes les promesses, verbales ou écrites, faites autrefois aux princes chrétiens par les princes musulmans, de protéger les chrétiens d'Orient et nos établissements religieux contre l'esprit de rapacité et de persécution de leurs pachas et de leurs gouverneurs, n'ont jamais abouti à aucune réforme efficace, à aucun soulagement réel des souffrances endurées en Palestine ; s'il était constaté que dans un pays, où le désordre et l'anarchie sont endémiques comme la peste, les promesses de ce genre ont toujours été sans foi, les ordres donnés sans puissance, et les protections accordées sans protecteurs ; s'il était constant enfin que dans l'Orient, où l'on croit qu'il faut plutôt obéir au Koran qu'au firman, plutôt à Mahomet qu'au Sultan, les firmans de Constantinople, portant suspension d'hostilités ou trève de persécutions contre les chrétiens, sont considérés par les pachas comme des *torchons de papier*, comme des actes irréligieux ou des leurres donnés à la foi robuste des bons chrétiens, que ferait l'Europe chrétienne, aujourd'hui maîtresse de l'empire ottoman ? Attendrait-elle encore de la jeunesse d'Abdul-Medjid, de l'autorité chancelante et mal assurée d'un prince imberbe, des améliorations anti-mahométanes qu'elle n'a pu obtenir des Mahmoud et des Selim, dont le pouvoir était respecté

(*) Liv. X. C. V. Esprit des lois.

de leurs sujets?...... Quoi! les pachas et les gouverneurs de Syrie trouvent sous leurs mains des occasions fréquentes de se sanctifier par la persécution des Chrétiens, et nous voudrions qu'ils n'en profitassent pas! Ils trouvent sous leurs pieds une mine d'or inépuisable dans le pillage des hospices, des sanctuaires, dans la spoliation des aumônes d'Europe, dans les rançons imposées aux voyageurs, aux pélerins chrétiens, dans les tributs de servitude imposés au sépulcre du Christ, et nous voudrions qu'ils n'exploitassent pas cette mine si commode et si peu dispendieuse? Mais ce serait demander à Mahomet de n'être plus Mahomet, à l'avarice de n'être plus avare, à la rapacité de n'être pas rapace, à la persécution incarnée de ne pas persécuter.

Les Musulmans eux-mêmes nous enseignent clairement qu'il faut d'autres mesures que celles des firmans pour obtenir le rétablissement de l'ordre et de la justice dans la Palestine. Dans les prières impies qu'ils adressent cinq fois par jour à Dieu ou à Mahomet son prophète, ils le supplient de faire en sorte *que la division règne entre les princes chrétiens*, parce qu'ils sentent instinctivement que là est le salut de leur tyrannique domination sur les Chrétiens d'Orient, parce qu'ils ont compris que leur puissance n'est qu'un emprunt, que leur existence politique même n'est qu'une négation, et appartient à l'ordre négatif du néant dans lequel elle doit bientôt rentrer..... avec le Koran d'où elle est sortie.

Nous le comprenons comme eux, et comme eux nous pensons que des mesures plus efficaces, plus énergiques que des firmans, sont conseillées, sont devenues nécessaires depuis longtemps. Les intérêts spirituels de l'Europe ne seront respectés en Orient, que lorsque ceux qui les ont violés jusqu'à présent seront mis dans l'impossibilité matérielle de les administrer; les sanctuaires et les hospices des chrétiens ne cesseront d'être pillés, que lorsque les pillards n'auront plus d'autorité sur ceux qui les gardent. Tel est le remède, et le remède unique indiqué par l'histoire, l'expérience et le bon sens.

Des persécutions lucratives, des exactions aurifères qui ont duré 12 siècles et qui sont d'ailleurs commandées par la loi et le prophète, sont des tentations trop fortes pour qu'on puisse espérer un seul instant qu'un firman les contrebalance jamais. Ces tentations sont au-dessus de la nature musulmane, et, partant, elle y succombera. D'ailleurs, les musulmans de la Syrie et de l'Arabie ne sont-ils pas toujours les descendants de ces Syriens et de ces Arabes qui, dès le temps du siége de Jérusalem par Titus, *fendaient le ventre à deux mille juifs fugitifs de leur ville, et fouillaient avidement dans leurs entrailles pour en arracher l'or que ces derniers avaient avalé?*

Dans cet état de choses, il ne reste, à défaut de l'émancipation de la Syrie, que le moyen que nous avons plusieurs fois indiqué dans le cours de cet écrit, la *neutralisation* d'un petit canton de la Palestine qui renferme les principaux sanctuaires ou établissements religieux de l'Europe chrétienne.

Il importe, en effet, à la dignité du christianisme, à l'honneur des puissances chrétiennes, à la sûreté de leurs sujets et aux intérêts politiques ou matériels de toute la chrétienneté, qu'il soit fondé au sein même de la Palestine, au milieu de ses monuments sacrés, sur ce théâtre même de merveilles et de prodiges divins, une société chrétienne dont le siége serait Jérusalem, et qui serait composée de Rama, de Bethléem, de Béthanie et de Jaffa, embrassant ainsi dans sa modeste circonférence la crèche, l'agonie, la croix, le sépulcre, la résurrection, l'ascension et le plus grand miracle de J.-C. Le gouvernement de ce petit état, enclavé dans la Palestine, pourrait être confié par les puissances chrétiennes à un chef choisi par elles, par exemple, à un de ces chevaliers de Malte, de Rhodes, de l'Ordre Teutonique, ou de St-Jean de Jérusalem, qui existent encore en Europe.

Ce gouvernement serait indépendant des pachalicks de Damas, de Tripoli, d'Alep ou de St.-Jean-d'Acre, et serait placé sous la surveillance et la protection immédiate des grandes puissances qui, dans leur sagesse, aviseraient aux moyens propres à l'organiser et à le défendre. Le gouverneur, révocable à volonté, quoique nommé à vie, en cas de bonne administration, ne pourrait appartenir par sa naissance à aucune des grandes puissances de l'Europe et à aucune puissance maritime. Il serait le chef d'une force militaire aussi nécessaire à la police qu'à l'administration d'un pays occupé par des hommes de mœurs et de religion si différentes. Cette force militaire ou cette garde serait choisie parmi les Maronites du Liban, peuple aussi distingué par sa moralité que par sa force et son courage. Une garde tirée de ce peuple offrirait d'ailleurs l'avantage de parler les langues du pays, avantage essentiel aux fonctions dont elle serait chargée. La liberté des cultes devrait être garantie dans un pays où il existe tant de cultes différents. Le pouvoir de gouverner serait absolu en droit, quoique tempéré et paternel par le fait ; ce pouvoir absolu serait rigoureusement nécessaire dans un pays qui, depuis plusieurs milliers d'années, n'a jamais connu que le despotisme ;

il serait seulement mitigé par un code fixe de lois civiles et
pénales qui serait imposé au pays par l'Europe, par un cours
d'instructions spéciales et un pouvoir judiciaire plus ou moins
indépendant.

Ce petit état, ayant à peine l'étendue d'un canton de
France, aurait pour mission non-seulement de veiller à la conservation des monuments existants, ou à la reconstruction de
ceux qui existaient autrefois, et qui sont tombés depuis douze
siècles sous les coups des Musulmans, mais encore, mais
surtout d'offrir l'ordre, la sécurité, la justice et la protection
aux chrétiens qui l'habiteraient et à ceux qui iraient le visiter.
On ne saurait douter, vu l'immense intérêt que les peuples
chrétiens d'Europe ou d'Asie ont attaché de tout temps aux
lieux saints de la Palestine, on ne saurait douter que cette
sécurité et cette protection une fois fondées, on ne vit accourir
chaque année de toutes les parties de l'Occident une foule
innombrable de pélerins et de voyageurs animés par la piété
ou la curiosité. Ces visites ou ces pélerinages deviendraient
d'autant plus nombreux que la navigation à vapeur les ren-
draient plus courts et moins dispendieux (*). Il en résulterait
que des droits modérés imposés aux étrangers à leur débarquement et à l'entrée de Jérusalem seulement, suffiraient et au-
delà aux dépenses de ce petit gouvernement et aux réparations
ou reconstructions des monuments. Il résulterait encore de cet
ordre de choses, que les terres aujourd'hui incultes, parce
que les habitants du pays ne sont pas, sous les Turcs, assurés
d'en recueillir les fruits, seraient ensemencées, et produiraient
à l'état une nouvelle branche de revenus, que la protection
accordée à l'industrie et au commerce du pays accroîtrait encore.
Bien plus, la seule justice qui régnerait dans ce canton suffirait
pour y attirer de toutes les parties de la Syrie dix fois plus
d'habitants chrétiens que le pays n'en pourrait nourrir. Ce
serait bientôt le champ d'asile, le temple de refuge de tous
les chrétiens opprimés de cette province.

Ainsi, la fondation de ce petit état ne coûterait aux grandes
puissances de l'Europe qu'un simple acte de volonté, et
cependant quels services cet acte de volonté ne rendrait-il
pas à la religion, à la dignité de la chrétienté, aux Chrétiens

---

(*) Dans l'état actuel des choses, dix mille grecs ou russes se rendent
annuellement à Jérusalem vers Pâques; mais on compte à peine deux ou
trois chrétiens d'occident ou latins. Cette différence tient non-seulement
à celle des distances, mais surtout aux causes nombreuses que nous avons
énumérées plus haut. Les pélerins russes vont jusqu'au Sinaï honorer le
tombeau de sainte Catherine, leur patronne.

d'Orient, à leurs propres sujets voyageant en Terre-Sainte, et aux pères religieux de tous les cultes qui, depuis tant de siècles, souffrent les douleurs du martyre, et n'ont pu, malgré leurs souffrances, se résigner à abandonner la crèche et le sépulcre de leur Dieu? Combien cette fondation serait agréable à leurs peuples, qui se sont toujours intéressés au sort de la Palestine, qui en connaissent la géographie et l'histoire beaucoup mieux que celle de leur patrie physique, et qui, de leurs vœux, ont toujours appelé sur la Terre-Sainte une destinée plus digne du grand rôle qu'elle a joué dans l'histoire du monde et dans celle de notre religion.

De quels suffrages, de quels universels applaudissements aussi ne serait pas accompagnée une autre mesure des grandes puissances qui rétabliraient la sécurité des voyages dans le reste de la Palestine, qui profiteraient de la *donation actuelle* qui est faite de la Syrie à la Porte-Ottomane, pour lui imposer, comme *condition de rigueur*, l'obligation d'y établir une police et une administration telles que la sûreté des relations et des voyages en résultât avec la répression active du brigandage et de l'avanie.

Mais, si d'aussi modestes destinées ne devaient pas encore être réservées à la malheureuse Palestine; si les puissances chrétiennes, qui représentent la dignité du christianisme en Orient et dans le monde musulman, ne pouvait encore s'entendre pour *neutraliser*, pour *libérer* au moins la crèche et le sépulcre de Jésus-Christ, captif depuis 12 siècles d'un peuple barbare et persécuteur ardent de sa doctrine; si l'émancipation d'esclave et de condamné du Christ, qui a émancipé tous les peuples chrétiens, paraissait une mesure trop forte, trop hardie pour l'omnipotence de la diplomatie européenne à Constantinople; si ce Christ ne méritait pas de la part des puissances chrétiennes les secours et les honneurs qu'elles ont si libéralement accordés à la patrie de Socrate et de Platon; si la patrie spirituelle, la patrie originaire de tous les Chrétiens, si la terre promise à tous les fidèles, à tous les vrais croyants, n'était pas digne de l'affranchissement qui, grâce à la Russie, a été donné à des contrées sans gloire dans le monde, à la Moldavie et la Valachie; si enfin, ce vœu si modéré dont nous nous sommes rendu l'interprète, et qui est celui de tous les chrétiens d'Occident ou d'Orient, pouvait, aux yeux de leurs souverains, paraître une attaque contre les oppresseurs de la Palestine, au lieu de n'être qu'une juste défense des opprimés, qui eux aussi, qui eux surtout, ont des droits à la protection de leurs gouvernements respectifs; alors, confiant dans l'immense justice de la cause que nous avons l'honneur de plaider, nous ne désespérerions pas encore du triomphe qui l'attend, et qu'elle obtiendra infailliblement plus complet et plus glorieux.

Mais dans cette dernière hypothèse même, il est, dès aujourd'hui, un cercle de mesures sages, praticables et surtout justes à prendre, que les puissances de l'Europe ne peuvent refuser à la plus commune humanité, à la plus vulgaire équité.

En effet, le droit, qui préside aux relations internationales des peuples, n'est autre chose qu'une juste réciprocité dans la jouissance des avantages qu'ils doivent se faire mutuellement en dehors de ceux qui sont fondés sur le droit des gens. Les Musulmans, dans leurs relations avec les États chrétiens de l'Europe, ont joui jusqu'à présent de toute la plénitude de ces avantages et de ce droit international, mais ils ne nous ont jamais rien offert en retour que la persécution et les outrages de leur fanatisme. Quel est le musulman, voyageant dans l'Europe chrétienne, qui se soit jamais plaint d'un défaut de protection de sa personne et de sa fortune, qui ait été frappé de taxes arbitraires, ou qui ait été opprimé, avanisé, vexé pour ses croyances religieuses? Où est la mosquée, située dans les États chrétiens, qui ait été outragée, spoliée, dévastée, ou qui l'ait été impunément? Et si de tels établissements sont rares dans la chrétienneté, ne seraient-ils pas, s'il en existait beaucoup, protégés par les princes chrétiens aussi efficacement que le sont les synagogues des Juifs, certes beaucoup plus étrangers aux classes populaires de l'Europe que ne le seraient les Musulmans? Les faits prouvent donc qu'il est possible à un gouvernement de protéger les cultes dissidents et les personnes qui les professent, en dépit de toutes les préventions populaires et de tous les préjugés du fanatisme. Pourquoi n'en est-il pas ainsi en Syrie? Pourquoi ces exemples de tolérance donnés par les princes chrétiens n'ont-ils jamais été suivis par les princes musulmans? Pourquoi un musulman, pourvu d'un simple passeport, dont le visa même ne lui coûte rien, peut-il parcourir toute l'Europe chrétienne, aussi facilement que le ferait un chrétien, et pourquoi ce dernier ne peut-il parcourir l'héritage de ses ayeux, le patrimoine de ses pères spirituels, visiter la crèche et le sépulcre de son Dieu, sans exposer sa vie, sans exposer sa fortune, sans exposer sa personne à tous les outrages que nous avons décrits dans le cours de cet écrit?

Pourquoi? Parce que les princes musulmans ont constamment violé à l'égard des chrétiens le droit des gens et les droits internationaux, dont l'Europe chrétienne pourrait cependant, *selon toutes les règles de la justice sociale*, leur imposer l'observation rigoureuse, *par la force des armes et par un traité solennel.*

En effet, tout gouvernement, autre que celui des pirates, n'a-t-il pas pour devoir fondamental, n'est-il pas obligé par l'idée même qui le constitue, de faire régner dans ses états l'ordre, la justice, la police, ne fût-ce qu'à l'égard des étrangers? Et lorsqu'il ne remplit pas ce premier devoir de la société, lorsqu'il ne se conforme pas au droit des gens, ne mérite-t-il pas, par ce seul fait, d'être mis au ban des nations et d'être traqué comme une bête fauve?

Or, soit haine invincible contre le nom chrétien, soit impuissance de la part d'un trône fondé sur un autel impie, de vaincre dans ses sujets le droit ou plutôt *le devoir religieux de persécution,* si formellement écrit dans le Koran, si expressément prescrit par Mahomet comme un commandement même de Dieu, la vérité est que depuis 12 siècles, les pachas et les gouverneurs de Syrie *n'ont jamais tenu compte* des firmans de leurs souverains, qui leur ordonnaient non l'observation du droit des gens ou celle des droits internationaux fondés sur la réciprocité et des conventions expresses, mais seulement un adoucissement aux rigueurs et aux exactions anti-sociales qu'ils exerçaient contre les Chrétiens. Que sera-ce, aujourd'hui qu'un adolescent, qui n'a pu réprimer un de ses pachas, occupe ce trône; aujourd'hui que l'empire ottoman est dans un état flagrant d'anarchie, de désordre et de dislocation; aujourd'hui que cet empire n'est *plus qu'un cadavre,* comme le disait, en plein parlement, un ambassadeur de France à Constantinople?

Y a-t-il dans une telle situation des choses, le moindre espoir que de nouvelles promesses, de nouveaux firmans émanés de Constantinople seront mieux observés que dans les temps passés? Nous ne craignons pas de dire, et tout le monde répétera avec nous, qu'il n'y a pas le moindre espoir, qu'il y a moins d'espoir que jamais.

Mais les choses étant ainsi, l'Europe chrétienne doit-elle se résigner à assister tranquillement à la continuation des oppressions et des exploitations musulmanes qui forment l'histoire du Christianisme en Orient, depuis 12 siècles? Ce serait une lâcheté, une apostasie, une flétrissure indélébile pour la diplomatie européenne.

Non, l'Europe usera de ses légitimes droits; les princes

chrétiens ne donneront pas à leurs sujets le scandale d'un tel
abandon de la justice, de l'humanité et de la religion ; ils
n'immoleront pas de victimes humaines à un tigre moribond,
comme s'ils voulaient expier ou conjurer sa mort prochaine.
Mais plutôt, se rappelant le traité de ce roi de Syracuse, de
ce Gelon, que Montesquieu appelle l'auteur *du plus beau
traité de paix qui ait jamais été fait sur la terre*, ils renonceront à tous les fruits de leur victoire, à condition que les
barbares renonceront eux-mêmes à l'immolation de victimes
chrétiennes, et le code de l'humanité à la main, ils leur
enjoindront, du droit de la victoire et de la justice sociale,
l'observation rigoureuse du droit des gens et des droits internationaux existants en Europe.

Et comme l'état de faiblesse et d'anarchie dans lequel se
trouve la Turquie d'Europe et d'Asie, ne permet pas d'espérer
de sa part l'observation de principes généraux de justice
sociale qui ne seraient pas eux-mêmes protégés par les stipulations positives d'*un traité particulier et spécial*, l'Europe
chrétienne passera avec Constantinople un traité solennel,
qui contiendra les garanties que les chrétiens d'Orient ou
d'Occident ont droit d'obtenir de l'empire ottoman.

Sans vouloir nous arroger la faculté de dicter les conditions
d'un tel traité que nous laisserons à la haute sagesse des
grandes puissances, il nous semble cependant que de l'étude
comparée des données que l'expérience historique a fournies
jusqu'ici aux réflexions des publicistes, il résulte que le degré
d'ordre, de sécurité et de justice qu'on peut attendre des
autorités musulmanes en Syrie, devra reposer à peu près
sur les garanties suivantes, qui seraient insérées dans le traité
dont il s'agit :

1° Il convient d'abord que la protection des intérêts moraux
ou spirituels des peuples chrétiens en Syrie et en Palestine,
soit assimilée par leurs souverains respectifs, ou mieux, par
les souverains pris collectivement, à la protection qu'ils
accordent depuis longtemps à leurs intérêts matériels ou commerciaux.

2° Il est juste et nécessaire que toute insulte, toute
avanie, toute spoliation commise envers des chrétiens ha-
bitant ou visitant la Syrie et la Palestine, soit punie non-
seulement par des satisfactions diplomatiques et par la réparation matérielle du dommage causé, mais encore, et selon
les cas, par la destitution immédiate du Pacha ou de l'Aga
dans le gouvernement duquel ces insultes et ces avanies
auraient eu lieu. Car, en Orient surtout, le seul moyen de

prévenir ou de réprimer le crime, c'est de frapper le *principal criminel*, qui seul pourrait empêcher le désordre, le tout sans déduction des coupables subalternes ou des auteurs immédiats du mal commis.

3° Comme les mosquées musulmanes, qui seraient situées dans les états chrétiens, ne paieraient pas même une contribution de portes et fenêtres, ainsi que cela est prouvé par l'exemption contributive des synagogues, le droit international de réciprocité permet d'exiger que les sanctuaires, les églises, les hospices, les monastères, les oratoires, et généralement tous les établissements religieux des chrétiens de tous les cultes en Palestine, soient exemptés de toute imposition. Quant aux religieux, gardiens de ces établissements, soit grecs, soit latins, s'ils ne pouvaient, à raison de leur qualité, être affranchis d'une contribution personnelle ou mobilière, il importerait que le taux de cette contribution fut *fixé* par les puissances signataires de ce traité, et qu'il fut interdit, sous peine de destitution immédiate du Pacha responsable, à toute autorité turque, d'exiger un *parah* au-delà de ce taux une fois fixé.

4° Le droit de réciprocité exige également que les voyageurs et les pélerins chrétiens soient affranchis de tous droits de passage sur les grands chemins, de tous droits d'entrée dans les sanctuaires, les églises, les hospices, les villes et les autres localités. Ils ne doivent être tenus qu'à présenter un passeport visé par une autorité turque établie à cet effet, soit à Jaffa, soit dans d'autres ports, visa dont le coût serait stipulé une fois pour toutes, et serait alloué au gouvernement turc. Si ce simple droit ne paraissait pas suffisant pour intéresser les autorités musulmanes à favoriser la protection, et par conséquent la multiplication des voyageurs chrétiens, on pourrait y ajouter un autre droit, par exemple, un droit d'entrée à Jérusalem, droit qui serait modéré, fixé dans le traité, et serait payé à la *Porte des pélerins*. Une quittance serait remise au chrétien qui aurait payé ce droit, et cette quittance, portant un numéro d'ordre, lui servirait de billet d'entrée dans cette ville pendant toute la durée de son séjour.

5° Il serait stipulé que les chrétiens voyageurs en Syrie ou en Palestine jouiraient auprès des autorités turques, établies à cet effet dans les localités les plus importantes et qui seraient désignées, de tous les droits de protection dont jouit un étranger dans les états européens; ces droits seraient déterminés dans le traité, et le gouvernement ottoman prendrait ses mesures en conséquence dans la réorganisation administrative de cette province. Il placerait, notamment à Jérusalem, à Nazareth et sur d'autres points de la Palestine ou de la Syrie, une force militaire qui serait chargée de prêter main-forte à l'exécution du traité par les pachas et les gouverneurs, sous la surveillance des agents de l'Europe.

6° Les chrétiens résidant en Palestine auraient la faculté de construire, reconstruire, réparer leurs maisons, leurs monastères, leurs sanctuaires, leurs églises, leurs oratoires sur tous terrains qui leur appartiendraient, sans être tenus de payer, pour ces constructions, des rétributions aux autorités turques (*). Ils seraient également affranchis de tous les droits vexatoires et tyraniques qui sont indiqués dans le cours de cet écrit. Ils ne paieraient que les impositions qui auraient été fixées et spécifiées dans le traité, tant pour leurs immeubles que pour leurs biens mobiliers.

7° Il serait établi à Jérusalem même, comme chef-lieu de la Palestine, un Consul-général nommé par les puissances chrétiennes. Ce fonctionnaire, résidant dans une ville qui est le centre des principaux sanctuaires visités d'ordinaire par les chrétiens, serait spécialement chargé de protéger les européens et les chrétiens d'Orient contre les outrages, les vexations et les injustices des musulmans. Il serait revêtu d'une autorité judiciaire pour juger les contestations entre chrétiens, et il serait adjoint à un tribunal composé de deux autres juges musulmans, pour statuer sur les contestations entre chrétiens et musulmans. Il exercerait une surveillance particulière sur l'exécution du traité par les autorités turques, et correspondrait directement avec les Pachas, les Consuls de Syrie, les Ambassadeurs chrétiens à Constantinople et les Cours d'Europe.

Une liste complète des monuments, des sanctuaires, des édifices, des oratoires et des hospices chrétiens serait dressée et signifiée aux gouverneurs turcs; il leur serait enjoint de réprimer le fanatisme de la population musulmane, d'empêcher ou de prévenir toute dégradation de ces monuments. Le Consul général veillerait de son côté à l'exécution stricte des mesures de sûreté qui auraient été recommandées aux gouverneurs turcs de Jérusalem et des autres localités. Ce

____

(*) Tous ceux qui ont voyagé en Syrie, savent que les autorités turques infligent des amendes considérables aux religieux chrétiens qui osent faire réparer leurs maisons, leurs monastères, leurs pavés, quel que soit l'état de dégradation dans lequel se trouveraient ces constructions. On n'a pas d'idée en Europe de ce stupide fatalisme.

même fonctionnaire serait chargé d'empêcher que les lieux sanctifiés par l'histoire biblique ou évangélique fussent outragés par les Musulmans, qui, comme l'on sait, se plaisent à y accumuler des ordures et des immondices pour les rendre inaccessibles aux Chrétiens, et insulter à leur foi ou à leur piété. Il protégerait les reconstructions d'oratoires qui existaient autrefois sur plusieurs de ces lieux, et qui ont été démolis par les Turcs ou les Arabes. Il veillerait également à ce que les voyageurs ou les pèlerins chrétiens qui désirent faire des actes de dévotion près des *stations* de la voie de la *captivité* ou de la *voie douloureuse*, stations qui se trouvent au milieu de Jérusalem, ne fussent insultés par la populace musulmane, ainsi que cela est encore arrivé au dernier voyageur français, le baron de Géramb, qui avait osé faire une pause devant une de ces stations, devant le lieu même où Jésus-Christ, marchant au Calvaire, avait fait une pause, succombant sous le fardeau de sa croix.

En un mot, et sans vouloir énumérer ici tous les services que pourrait rendre un consul général, ce fonctionnaire serait d'autant plus nécessaire à Jérusalem, que sa seule présence et le pouvoir dont il serait revêtu, suffiraient le plus souvent pour prévenir la plupart des outrages musulmans que les consuls maritimes ne pourraient, à raison de la distance et du défaut de communications régulières avec Jérusalem, réprimer que difficilement.

8° Les consuls maritimes d'Europe seraient également chargés de la surveillance concernant l'exécution du traité, en ce qui serait du ressort des lieux qu'ils habiteraient. Ils auraient pour mission de protéger les voyageurs et les pèlerins à leur débarquement, pendant leur séjour et au moment de leur départ, et déjà la Russie a donné, depuis plus de dix ans, l'exemple de cette mission donnée à ses consuls en Syrie. Ils seraient autorisés à connaître de toutes les plaintes qui leur parviendraient, et rempliraient dans les lieux de leur résidence, des fonctions analogues ou semblables à celles du consul-général; ils correspondraient entre eux et avec le consul-général, les pachas ou gouverneurs, et les ambassadeurs à Constantinople.

Ils auront besoin, ainsi que le consul-général de Jérusalem, d'user de toute leur fermeté et de toute leur autorité pour réprimer les fureurs de la persécution, et surtout les fureurs de la rapacité insatiable des Musulmans, rapacité d'autant plus difficile à extirper, qu'elle gît dans les profondeurs du caractère arabe, qui aime mieux l'argent que la vie ; qu'elle est pleinement autorisée par le Koran contre les chrétiens ; qu'elle est encouragée par les exemples constants du gouvernement et des pachas, et qu'invétérée dans les habitudes sordides prises d'un despotisme rapace de douze cents ans, elle est devenue aux yeux de tous une vertu, un devoir, une bonne œuvre, un culte auquel il faut tout immoler, surtout dans une terre desséchée qui depuis longtemps ne produit plus..... que l'or des adorateurs du Christ.

Telles sont quelques-unes des garanties dont il serait nécessaire que l'Europe chrétienne réclamât l'insertion dans un *traité spécial* qu'elle passerait avec la Porte-Ottomane, et dont elle surveillerait elle-même l'exécution par des agents établis à cet effet sur les lieux, et munis de tous les pouvoirs exigés par leur mission.

Sans cette double mesure, que l'expérience, que l'histoire des siècles passés et la connaissance des lieux ont reconnue indispensable, il faudrait se résigner à la honte de trahir les intérêts de l'humanité, à la honte de livrer nos frères au cimeterre de leurs bourreaux, à la rapacité de leurs ennemis, au fanatisme de leurs persécuteurs, c'est-à-dire à la vie de douleurs, d'angoisses et d'oppression qu'ils ont menée jusqu'à présent, en dépit de tous les firmans. Et pourquoi à la honte ?..... Parce qu'il y aurait lâcheté de ne pas sauver ceux qu'on doit et surtout ceux qu'on peut sauver d'un mot, d'un acte de sa volonté ; parce qu'il y aurait lâcheté, brutalité, égoïsme stupide et anti-social, de ne pas arracher une victime aux mains d'un ennemi qui est à terre.

L'Europe chrétienne n'en est pas là ; elle l'a prouvé à Navarin, sous la restauration ; la France surtout, toujours généreuse, noble et désintéressée, n'en sera jamais là, et ce n'est pas sans raison que ses Rois ont toujours porté le titre de *Rois très-chrétiens.* C'est que ce titre a toujours été l'expression de leur politique et le sera de plus en plus, nous l'espérons. A toutes les époques, en effet, les Rois de France ont accordé leur protection aux sanctuaires et aux établissements religieux de la Palestine, et les archives de Saint-Sauveur de Jérusalem, visitées par M. de Châteaubriand, attestent que la plupart des firmans obtenus en faveur de ces établissements depuis les temps les plus reculés, ont été sollicités par nos ambassadeurs à Constantinople (*).

(*) S. M. le Roi des Français vient d'envoyer en Palestine une somme de 50,000 francs destinés à la réparation des églises ; plus, 10,000 francs pour d'honorables infortunes de cette contrée.

Tout récemment encore, la France, toujours guidée par ces sentiments de générosité chrétienne qui bouillonnent dans son sein, n'a paru désirer la prospérité du pouvoir qui gouverne l'Egypte, que parce qu'elle supposait que ce pouvoir, quoique musulman, serait favorable aux progrès de l'humanité, de la justice et de la civilisation en Orient. Et il est si vrai de dire que telle fut la source véritable de son système de politique orientale, que dès qu'il a été prouvé par les faits que ce pouvoir était loin d'avoir la force, la consistance et les lumières nécessaires pour réaliser nos espérances sous ce rapport, la France, quoique n'ayant pas signé le traité de Londres, se hâta d'obtenir de Constantinople de nouveaux firmans en faveur des chrétiens, des établissements religieux et des sanctuaires de la Palestine, firmans qu'elle a placés cette fois sous la protection de ses consuls en Syrie.

Cette mesure est un progrès sans doute, qui honore la France et le ministère du 29 octobre qui l'a prise. Mais ce progrès, le seul que la France pouvait faire dans son isolement, est malheureusement un remède insuffisant, comme tous les firmans possibles sous un gouvernement à la fois despotique et anarchique, un remède infiniment trop faible, nous l'avons prouvé, pour l'état de misère et de désolation dans lequel gémissent la Terre-Sainte et les chrétiens qui l'habitent ou la visitent.

Le progrès véritable, le grand pas qu'il reste à faire en faveur de la Palestine, ne peut être fait que par *l'accord solennel des grandes puissances de l'Europe chrétienne*, décidées à mettre enfin un terme aux outrages et aux spoliations des musulmans contre leurs sujets ou contre les chrétiens en général, et à *placer le droit des gens et des nations sous la garantie d'un traité particulier dont les stipulations seraient précises et formelles;* car un traité seul a des *clauses pénales;* un firman n'en a point. L'occasion est des plus favorables. La Syrie était perdue pour la Turquie; elle lui est *rendue,* elle lui est *donnée* par l'Europe chrétienne. Cette donation doit-elle être faite sans conditions, même sans conditions profitables aux droits de l'humanité, de la religion et de la civilisation? Telle est maintenant la question.

Mais quels sont les droits de la civilisation? Ce sont ceux de la justice sur l'iniquité, ceux de l'humanité sur la brutalité, ceux de la raison sociale sur la barbarie, en un mot, ceux du droit des gens et des nations sur l'état de nature. L'exercice de tels droits est un devoir sacré pour toutes les puissances, et surtout pour les puissances chrétiennes ; y renoncer, ce serait abdiquer ; abdiquer les droits de la souveraineté, qui a pour mission de rétablir l'ordre et la justice partout où ces deux principes de la société sont violés au détriment de ses sujets ; abdiquer les devoirs de la charité sociale, qui a pour objet de secourir les faibles et les opprimés, injustement accablés par une tyrannie anti-chrétienne, anti-sociale, anti-humaine.

Les puissances chrétiennes n'abdiqueront pas ces devoirs fondamentaux de leurs couronnes ; elles ne scandaliseront pas les croyances de leurs peuples par un honteux abandon de ceux de nos frères qu'elles peuvent, nous le répétons, *sauver d'un mot, d'un acte de volonté*, auquel il n'y aura pas de résistance, et auquel l'Europe, auquel la postérité applaudira. Elles renouvelleront *le plus beau traité de paix* de Gélon et de Montesquieu, et se souvenant que la protection des intérêts moraux et religieux de leurs peuples est pour elles un devoir plus rigoureux encore que la protection de leurs intérêts matériels, elles imposeront un frein à la barbarie, et poseront une limite que le despotisme, que la rapacité et le fanatisme des disciples de Mahomet ne dépasseront pas.

Tel est notre espoir ; cet espoir ne sera pas trompé. L'opinion de l'Europe chrétienne, qui hait l'iniquité et l'oppression, qui protége les causes justes et a toujours déploré l'état de servitude intolérable dans lequel gémissent les chrétiens qui habitent ou visitent la Palestine, cette opinion toute puissante prêtera main-forte à notre demande ; elle l'armera de sa puissance et la portera au palais des Rois. Le vœu des populations chrétiennes, qui ont un cœur et des entrailles, se manifestera hautement, et Jérusalem sera délivrée de l'esclavage, non plus par des croisades armées, comme au moyen-âge, mais par une simple émission de voix ou de signatures, comme cela convient à la dignité de l'omnipotence européenne.

Mais ce triomphe tout pacifique de l'Europe sur la barbarie musulmane serait en quelque sorte incomplet, s'il n'émanait aussi de la Chambre des Députés de France, de cette assemblée toute libérale et généreuse, c'est-à-dire, chrétienne, qui marche à la tête des pensées civilisatrices du monde, et qui, dans sa dernière adresse de 1840, a solennellement reconnu, comme principe de gouvernement, qu'il fallait *honorer la religion et la morale*. Une telle assemblée ne peut manquer de prêter l'appui imposant de son nom et de ses suffrages à

une pensée de civilisation, de religion et de morale à intro-
duire, par un *traité collectif*, dans une contrée, qui est la
patrie spirituelle de l'Europe religieuse, qui fût la source de
toute religion, de toute morale, de toute civilisation véritable,
et où cependant ces principes de la société humaine sont igno-
minieusement foulés aux pieds depuis douze cents ans de
tous les genres de tyrannie et de despotisme.

En conséquence, nous supplions la Chambre des Députés
de vouloir bien examiner notre demande, qui se résume dans
celle d'un *traité collectif ou européen dont l'exécution serait
surveillée par des agents consulaires établis à Jérusalem et
dans d'autres places de la Syrie ;* et, dans le cas que cette
demande, toute modeste et conciliante, serait honorée de son
approbation, de la renvoyer à M. le Ministre des affaires étran-
gères, avec l'expression du vœu qu'il la prenne en considéra-
tion, et qu'il en fasse, *de concert avec les puissances chrétiennes
de l'Europe,* l'usage que lui indiqueront le cri de l'humanité
outragée, les violations du droit des gens, le mépris des droits
internationaux de l'Europe, l'oppression des chrétiens d'Orient
ou d'Occident qui habitent ou visitent la Syrie et la Palestine,
la dignité de la France chrétienne qui protège les établissements religieux de ces provinces, et la dignité du christianisme tout entier, outragé dans ses monuments historiques,
dans ses sanctuaires les plus vénérables, et dans ces héros
de l'Evangile qui les gardent au péril de leur vie et au prix
de toutes les insultes, de toutes les souffrances.

Que ce traité collectif, que cette œuvre de justice sociale
paraisse enfin, et l'Europe chrétienne, qui l'appelle depuis
longtemps de ses vœux, la couvrira de ses applaudissements ;
elle bénira les Rois qui en seront les auteurs. Elle y verra
avec quelque raison l'accomplissement des paroles suivantes,
échappées à cet Isaïe, qui fut moins encore le prophète que
l'historien fidèle de l'avenir du christianisme.

« Levez-vous, Jérusalem, recevez la lumière, car votre
« lumière est venue....... Les nations marcheront à la faveur
« de votre lumière, et les Rois à la splendeur qui se levera
« sur vous....... Tout ce qu'il y a de grand parmi les nations
« viendra se donner à vous....... Les îles *de l'Europe* m'at-
« tendent, et il y a déjà longtemps que leurs vaisseaux sont
« prêts pour faire venir vos enfants de loin, pour apporter
« avec eux leur or et leur argent, et le consacrer au nom
« du Seigneur votre Dieu qui vous a glorifié....... Les enfants
« des étrangers bâtiront vos murailles, et *leurs Rois vous
« rendront service,* parce que je vous ai frappé dans mon